बच्चों के लिए पौराणिक कहानियाँ

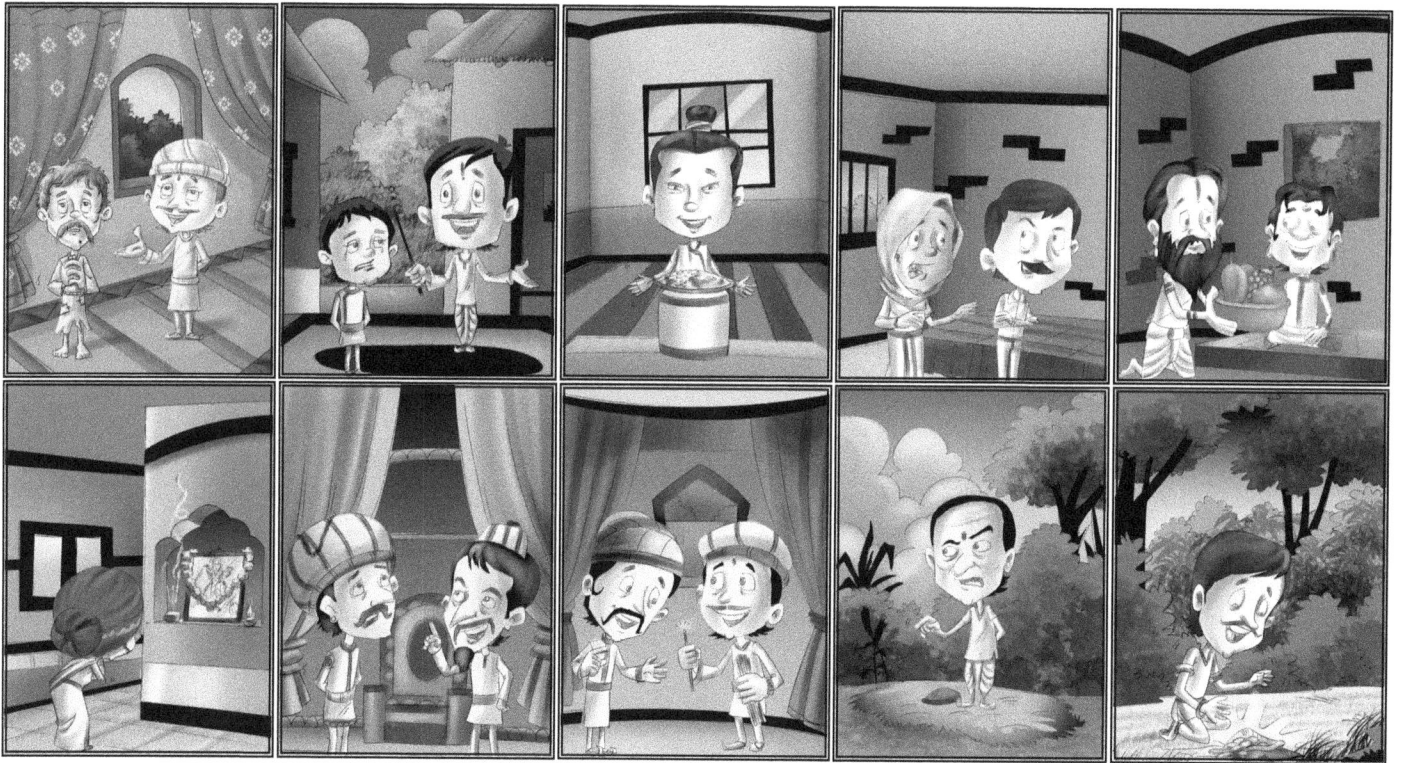

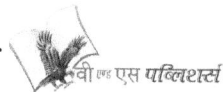

GOOPU BOOKS

An Imprint of वी एण्ड एस पब्लिशर्स

प्रकाशक

GOOPU BOOKS

An Imprint of वी एण्ड एस पब्लिशर्स

F-2/16, अंसारी रोड, दरियागंज, नई दिल्ली-110002
23240026, 23240027 • *फैक्स:* 011-23240028
E-mail: info@vspublishers.com • *Website:* www.vspublishers.com

शाखाः हैदराबाद
5-1-707/1, ब्रिज भवन (सेन्ट्रल बैंक ऑफ इण्डिया लेन के पास)
बैंक स्ट्रीट, कोटी, हैदराबाद-500 095
040-24737290
E-mail: vspublishershyd@gmail.com

फ़ॉलो करें:

किसी प्रकार के सम्पर्क हेतु एसएमएस करें: **VSPUB** to **56161**

हमारी सभी पुस्तकें **www.vspublishers.com** पर उपलब्ध हैं

मुद्रक: परम ऑफसेटर्स, ओखला, नई दिल्ली-110020

प्रकाशकीय

अनेक वर्षों से जन विकास सम्बन्धी पुस्तकें प्रकाशित करने के पश्चात् वी एण्ड एस पब्लिशर्स ने बच्चों के मनोरंजन के लिए कहानियों की कुछ चुनिंदा पुस्तकें प्रकाशित करने का निश्चय किया है। ये पुस्तकें बाजार में बिक रही कहानी की साधारण पुस्तकों से थोड़ी अलग हटकर है जो बच्चों का भरपूर मनोरंजन करने के साथ उनका ज्ञानवर्द्धन भी करेगी। हम गोपू बुक्स सीरीज के तहत पंचतंत्र की कहानियाँ पहले ही प्रकाशित कर चुके हैं। गोपू बुक्स को बाजार से भरपूर सराहना मिली है। पाठकों से मिल रही निरंतर प्रशंसा से उत्साहित होकर हम अपने पाठकों के लिए कहानियों की दूसरी विशिष्ट शृंखला प्रकाशित कर रहे हैं।

प्रस्तुत पुस्तक *'बच्चों के लिए पौराणिक कहानियाँ'* में उस काल के दिलचस्प घटनाओं पर आधारित कहानियों का अनूठा संकलन है। कहानी लेखन के द्वारा लेखक ने इस बात का विशेषतौर पर ध्यान रखा है कि कोई भी कहानी एक पेज से अधिक नहीं हो। इस शृंखला में कहानियों की पाँच पुस्तकें हैं। सभी पुस्तकों में पचास-पचास बेजोड़ कहानियों का अनूठा संग्रह है।

पुस्तक की भाषाशैली अत्यन्त सहज तथा भावपूर्ण होने के कारण ये पुस्तकें बच्चों के बीच अवश्य लोकप्रिय होगी। प्रत्येक कहानी के अन्त में कहानी से मिलने वाली सीख की जानकारी भी दी गयी है, जिसे बच्चे पढ़कर ज्ञान अर्जित कर सकते हैं।

हमें पूर्ण विश्वास है कि ये छोटी-छोटी कहानियाँ कम समय में बालमन को गुदगुदाने के साथ अभिभावकों का भी मनोरंजन करेगी।

विषय-सूची

1. फकीर की चुप्पी 7
2. सच्ची अमरता 9
3. अधिकार और कर्तव्य 11
4. राजा की बुद्धिमानी 13
5. चन्दन वन 15
6. साधु की सीख 17
7. दान का पुण्य 19
8. आँखों वाले अन्धे 21
9. बीरबल ने पकड़ा चोर 23
10. तेनालीराम का घोड़ा 25
11. अकबर का सपना 27
12. तेनालीराम की चतुराई 29
13. सबसे बड़ा रत्न 31
14. मुल्ला नसरुद्दीन और दावत 33
15. गरीब का झोला 35
16. मुल्ला नसरुद्दीन और सिक्का 37
17. बादशाह का न्याय 39
18. खलीफा का न्याय 41
19. राजा की सूझबूझ 43
20. तमाचा 45
21. सम्राट की कर्तव्यपरायणता 47
22. सिकन्दर का अहंकार 49
23. पाप की जड़ 51
24. मुल्ला नसरुद्दीन का गधा 53
25. अनोखी अँगूठी 55
26. दगा किसी का सगा नहीं 57

27. बरतन 59

28. राजकुमारी का टूटा घमण्ड 61

29. राह की बाधा 63

30. बेमन के काम का परिणाम 65

31. सच्ची सुन्दरता 67

32. ऊँट की गर्दन 69

33. ईश्वर की खोज 71

34. राजा चन्द्रसेन और किसान 73

35. रूप और घमण्ड 75

36. जब आवे सन्तोषधन 77

37. वरदान 79

38. भाग्य का भोजन 81

39. निरपराध को दण्ड 83

40. नाम बड़े पर दर्शन छोटे 85

41. नदी का पानी 87

42. नदी का पानी 89

43. हर काम अच्छे के लिए 91

44. नकल में भी अकल चाहिए 93

45. गम खाना बड़ी बात है 95

46. जीवन का आनन्द 97

47. तलवारबाज 99

48. झगड़णी बुआ 101

49. पतिव्रता का पुण्य 103

50. दूबाँ की कथा 105

1

फकीर की चुप्पी

एक दिन अकबर ने अपने दरबारियों से एक प्रश्न पूछा, 'अगर आपके सामने कोई नालायक और बदतमीज व्यक्ति आ जाये, तो उसके साथ कैसा व्यवहार करना चाहिए?' किसी ने कहा- उसे पीट कर भगा देना चाहिए, तो किसी ने कहा, उसे जेल में बन्द कर देना चाहिए। बातचीत चल ही रही थी कि इतने में बीरबल आ गये। बादशाह ने अपना प्रश्न उनके सामने भी रखा। बीरबल ने कहा- 'बादशाह सलामत! यह प्रश्न बहुत गम्भीर है, इसलिए मैं सोच-समझकर कल जवाब दूँगा।' बादशाह ने उसकी बात मान ली।

दूसरे दिन बीरबल दरबार में आये, तो उनके साथ एक आदमी और था। नंगे पैर, नंगे सिर और शरीर पर मामूली-सी चादर ओढ़े हुए। बीरबल ने कहा- 'हुजूर, ये बहुत पहुँचे हुए फकीर हैं। आपके प्रश्न का उत्तर ये देगें।' बादशाह ने अपना प्रश्न उस फकीर के सामने रखा। लेकिन फकीर ने कोई उत्तर नहीं दिया। बादशाह ने सोचा शायद फकीर को मेरा प्रश्न समझ नहीं आया। उन्होंने फिर अपना प्रश्न दोहराया। फिर भी फकीर ने कोई उत्तर नहीं दिया। बादशाह ने सोचा, शायद फकीर को कम सुनायी देता होगा, उन्होंने जोर से अपना प्रश्न दोहराया। तब बीरबल बोले- 'बादशाह सलामत! इनका जवाब इनकी चुप्पी ही है। ऐसे लोगों के मुँह नहीं लगना चाहिए। उसे चुप रहना चाहिए।' बीरबल की बात सुनकर अकबर बहुत खुश हुआ, उसने बीरबल की बहुत प्रशंसा की।

शिक्षा

निरर्थक प्रश्न का उत्तर चुप्पी ही है।

२

सच्ची अमरता

राजा प्रताप राय का एक ही ध्येय था कि उसके राज्य में कोई दुःखी न रहे। अपनी प्रजा की सुरक्षा एवं देखभाल में वह कोई कसर नहीं छोड़ता। प्रजा भी राजा के प्रति आभार प्रकट करने का कोई मौका नहीं चूकती। एक बार नगर में साधुओं की एक मण्डली आयी। राजा की सहृदयता से प्रभावित होकर मण्डली के प्रधान साधु ने तय किया कि वह इक्कीस दिवसीय यज्ञ करेंगे, जिससे राजा अमर हो जायेंगे। यज्ञ में सभी प्रजाजनों को आहूतियाँ देनी थीं। इक्कीसवें दिन यज्ञ में अन्तिम आहुति देने के लिए राजा को खुद आना था। राजा से अनुमति लेने के बाद बड़ी निष्ठा और धूमधाम से यज्ञवेदियाँ बना ली गयी और यज्ञ प्रारम्भ हुआ।

चूँकि ऐसा यज्ञ एक बार ही हो सकता था। इसलिए इस पुनीत कार्य में योगदान देने से कोई पीछे नहीं हटना चाहता था। सभी प्रजाजनों ने बड़ी श्रृद्धा से अपनी आहुति दी। अन्तिम दिन भी आया। सभी को राजा प्रताप राय का इन्तजार था, जिनकी अन्तिम आहुति देने के साथ ही वे अमर हो जाते। राजा पहुँचे भी लेकिन तब तक मुहूर्त को टले काफी समय हो चुका था। राजा ने प्रजा से क्षमायाचना करते हुए कहा, 'अचानक पड़ौसी राज्य ने आक्रमण कर दिया था। मुझे शत्रु को पराजित करने युद्ध में जाना पड़ा। अपनी अमरता के लोभ में मैं अपनी प्रजा के प्राणों को संकट में नहीं डाल सकता था।' राजा की जयध्वनि से आकाश गूँजने लगा। प्रजा के हितैषी ऐसे शासकों की कीर्ति हमेशा अमर रहती है।

शिक्षा

सच्ची अमरता लोगों की भलाई और उपकार से मिलती है।

3

अधिकार और कर्तव्य

राजा यशोवर्मन खुद वेश बदल कर प्रजा का हालचाल जानने निकलता था। कई दिन बाद राजा बहुरूपिया बनकर राज्य में भ्रमण करने निकला। बाजार में उसने देखा एक व्यक्ति को कुछ लोग पीटते हुए ले जा रहे थे। राजा ने किसी को रोककर पूछा कि इस व्यक्ति की पिटाई क्यों की जा रही है? जवाब मिला कि उसने चोरी की है और उसे इसकी सजा दी जा रही है। राजा ने फिर पूछा, चोरी किस चीज की हुई है और सजा देने वाले कौन हैं? उसे बताया गया कि पिटने वाला एक गरीब व्यक्ति है, जिसने एक दुकान से खाने की वस्तु बिना दाम चुकाये उठाकर खा ली थी और उसे पीटने वाले दुकानदार ही हैं। राजा का अगला सवाल था कि उसे कहाँ ले जाया जा रहा है? उसे बताया गया कि उसे शहर के कोतवाल के पास ले जाया जा रहा है, जो कोतवाली में आराम कर रहे हैं। इतना सुनने के बाद राजा ने अपना साधारण वेश छोड़ा और अपने असली रूप में आ गया। राजा को पहचानते ही पीटने वालों के हाथ रुक गये और वह गरीब राजा के चरणों में आ गिरा। राजा ने उसे उठाया और कहा, 'मित्र! तुमने गरीबी के कारण चोरी की, इसका मतलब मैं तुम्हारा ख्याल नहीं रख पाया, कोतवाल गश्त के बजाय आराम कर रहा था, इसका मतलब यह है कि मैं तुम्हें सुरक्षा देने में असफल रहा। दुकानदारों ने तुम्हें पीटा इसका मतलब कि वे न्याय को अपने हाथ में ले रहे थे...। मैं अपनी सभी भूलों के लिए तुमसे क्षमा-याचना करता हूँ।'

शिक्षा

अधिकार के साथ कर्त्तव्य का भी मान रखने वाले ही सच्चे शासक होते हैं।

१

राजा की बुद्धिमानी

राजा विक्रमजीत की बुद्धिमानी के बारे में सुनकर देवताओं के राजा इन्द्र ने उसकी परीक्षा लेने की सोची। इन्द्र ने विक्रमजीत के दरबार में तीन मनुष्यों के सिर भिजवाये और कहलवाया कि यदि राजा इनका सही मूल्य बता देगा, तो उसके राज्य में सोने की वर्षा होगी। यदि नहीं बता सका, तो सारा राज्य नष्ट हो जायेगा। राजा ने राज पुरोहित से कहा, 'यदि तुम दो दिनों में इन सिरों का सही मूल्य बता दोगे, तो हम तुम्हें मुँह माँगा पुरस्कार देंगे, वर्ना फाँसी पर लटका देंगे।'

पत्नी ने सोचा पति की मौत अपनी आँखों से देखने से तो अच्छा है, मैं आत्महत्या कर लूँ। यह सोचकर वह कुएँ की ओर चल दी। उसे सियार की बातें सुनायी दीं। पुरोहित की पत्नी एक पेड़ की ओट में खड़ी हो गयी। सियार सियारिन से बोला, 'तुम्हें पता है, इन्द्र ने राजा की परीक्षा लेने के लिए तीन सिर भेजें हैं। यदि वह उनका सही मूल्य बता देगा, तो उसके राज्य में सोने की वर्षा होगी अन्यथा सारा राज्य नष्ट हो जायेगा। यह बात मैं सिर्फ तुम्हें बता रहा हूँ। तीनों सिरों के कान में से एक सोने की सलाई डालें। जिस सिर के मुँह, नाक, आँख में से सलाई न निकले वह अमूल्य है। जिसके मुँह में से सलाई निकल जाये, उसका मूल्य दस हजार रुपये है और जिसके हर अंग में से सलाई निकल उसका मूल्य दो कौड़ी का है।' सियार की बात सुनकर पुरोहित की पत्नी घर पहुँची। दूसरे दिन पुरोहित ने दरबार में तीनों सिर मँगवाये। उसने एक सिर के कान में सलाई डाली। चारों ओर हिलायी लेकिन वह कहीं से नहीं निकली। पुरोहित ने कहा, 'यह आदमी बड़ा गम्भीर है, इसका भेद नहीं मिलता। इसलिए यह अमूल्य है।' उसने दूसरे सिर के कान में सलाई डाली। सलाई मुँह से बाहर निकल आयी। वह कहने लगा, 'यह आदमी कान का कच्चा है, जो सुनता है, वह कह डालता है। इसका मूल्य दस हजार रुपये है।' पण्डित ने तीसरे सिर के कान में सलाई डाली, तो वह मुँह, नाक, आँख सभी जगह से पार हो गयी। पुरोहित ने कहा, 'यह आदमी कोई भेद नहीं छिपा सकता। इसका मूल्य दो कौड़ी का है।' राजा ने तीनों सिरों पर उनका मूल्य लिखकर इन्द्र के दरबार में पहुँचा दिये। इन्द्र जवाब से प्रसन्न हुए और राज्य में सोने की वर्षा होने लगी।

शिक्षा

जो व्यक्ति आँख, कान, नाक और मुँह का उपयोग सोच-समझकर करता है, वही श्रेष्ठ होता है।

5

चन्दन वन

एक राजा जंगल में शिकार खेलते-खेलते बहुत दूर निकल गया। वापसी में वह रास्ता भूल गया। अन्धेरा भी हो चला था। उसे थोड़ी दूर एक झोंपड़ी दिखायी दी। उसने झोंपड़ी के बाहर जाकर आवाज लगायी। अन्दर से एक निर्धन व्यक्ति बाहर निकला। राजा ने उससे एक रात के लिए उसके यहाँ शरण माँगी। उस व्यक्ति से जितना सम्भव हो सका राजा का आदर-सत्कार किया। सुबह लौटने से पहले राजा ने उसकी आजीविका का साधन पूछा। उस व्यक्ति ने जवाब दिया, 'महाराज! मैं लकड़ियाँ काटकर लाता हूँ और उनका कोयला बनाकर बेचता हूँ उससे जो भी धन मिलता है बस, उसी से गुजारा करता हूँ।' राजा उस व्यक्ति की मेहमाननवाजी से खुश था, इसलिए उसने अपना एक छोटा-सा चन्दन वन उसे इनाम के रूप में दे दिया।

समय बीतता गया। एक दिन राजा को अपने चन्दन वन की याद आयी। वह उसे देखने के लिए चल पड़ा। वह रास्ते में सोचता जा रहा था, अब तक तो ना जाने वन कितना घना हो गया होगा। लेकिन चन्दन वन को देखकर राजा के पैरों तले जमीन सरक गयी। वन पूरी तरह उजड़ चुका था और वह व्यक्ति भी गरीबी में दिन गुजार रहा था। राजा ने पूछा, 'तुमने चन्दन वन का क्या किया?' उस व्यक्ति ने उत्तर दिया, 'महाराज! मैंने चन्दन वन से लकड़ी काटकर कोयला बनाना शुरू कर दिया। उसी को बेचकर अपना गुजारा करता था। अब तो एक-एक करके सारे पेड़ कट चुके हैं। केवल एक ही पेड़ बचा है।' तुमने चन्दन वन का महत्व ही नहीं समझा। इसकी लकड़ियाँ तुम्हें धनवान बना सकती थीं। अब जो पेड़ बचा है, उसकी एक छोटी-सी लकड़ी काटकर बाजार में बेचकर आओ।' उस व्यक्ति ने ऐसा ही किया। उसे छोटी-सी लकड़ी के बदले काफी धन मिला। यह देखकर वह अपनी मूर्खता पर पछताते हुए राजा से माफी माँगने लगा।

राजा ने समझाते हुए कहा, 'जो हानि हो चुकी है, उस पर पछताने से कोई लाभ नहीं है। इसमें से थोड़ी-थोड़ी लकड़ी काटकर धन कमाते रहो और नये-नये वृक्ष लगाते रहो। कुछ समय में वन वापिस हरा-भरा हो जायेगा।'

शिक्षा

मूर्ख व्यक्ति किसी वस्तु का सही मूल्य नहीं आँक सकते हैं। उन्हें काँच और हीरे में कोई अन्तर नहीं लगता।

6

साधु की सीख

एक राजा था। उसके दरबारियों का काम राजा की खुशामद करना था। राजा जो भी करता, वे भी वैसा ही करते। एक दिन आसमान में बादल छाये हुए थे। चारों ओर अन्धेरा फैला था। राजा बोला, 'रात हो गयी।' सारे दरबारी एक साथ चिल्ला उठे, 'जी हाँ, रात हो गयी।'

संयोग से एक दिन दरबार में एक साधु आया। उसके सिर पर जटाएँ थीं। चेहरे पर लम्बी दाढ़ी और मूँछें थीं। राजा को दाढ़ी-मूँछों से चिढ़ थी। उसने आदेश दिया कि साधु को दरबार से निकाल दिया जाये। राजा के आदेश का तत्काल पालन किया गया। इस घटना के बहुत दिन बाद राजा शिकार खेलने के लिए जंगल में आया। राजा शिकार की खोज में घूमता रहा, लेकिन उसे कोई शिकार न मिला। परेशान होकर वह कोई ऐसा स्थान खोजने लगा, जहाँ विश्राम कर सके। आखिर में वह उसी साधु की कुटिया पर आया। साधु को वह नहीं पहचान पाया, लेकिन साधु ने उसे पहचान लिया। साधु ने राजा की बड़ी आवभगत की। कुटिया में जो फल रखे थे, वे राजा को खिलाये। उसने खुश होकर कहा, 'महाराज! मैं राजा हूँ। आपकी जो इच्छा हो, बताइये। मैं उसे पूरा कर दूँगा।'

साधु बोला, 'राजन् मैं भी तुम्हारी तरह एक राजा था। एक दिन मुझे लगा कि कुछ भी अपना नहीं है। आदमी के साथ न कुछ आता है, न जाता है। बस, अपना सब कुछ सौंपकर यहाँ चला आया। अब सारा समय धर्म-ध्यान में लगाता हूँ। बड़ा आनन्द आता है।'

जब वह साधु राजा से बातें कर रहा था, अचानक राजा को याद आ गया कि यह तो वही साधु है, जिसे मैंने दरबार से अपमानित करके निकाल दिया था। दरबार, दरबारी और दरबारियों की चाटुकारिता, सब राजा की आँखों के सामने घूम गये।

उधर साधु कह रहा था, 'राजन्! इनसान का जन्म बड़ा मुश्किल है। वह बार-बार नहीं मिलता। सच्चा इनसान वही है, जिसके ज्ञान-चक्षु हर घड़ी खुले रहते हैं और जो दुनिया में रहकर भी उससे ऊपर रहता है।' राजा जब लौटा तो उसे लगा कि उसके भीतर का इनसान, जो सो रहा था, जाग उठा है और घमंड मर गया है।

शिक्षा

चाटुकारों के बीच रहकर मनुष्य की विवेक, बुद्धि नष्ट हो जाती ह और वह अच्छा बुरा नहीं सोच पाता है।

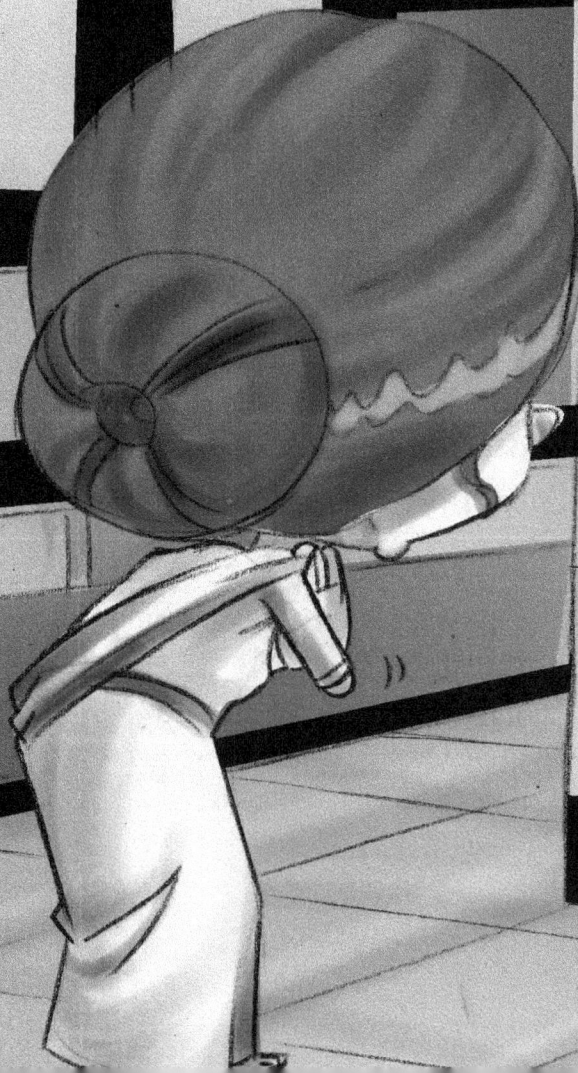

1

दान का पुण्य

एक राजा था। वह जितना प्रभावशाली था, उतना ही तेजस्वी भी था। वह कभी किसी से पराजित नहीं हुआ था। उसकी पत्नी भी बड़ी सुन्दर थी। एक दिन राजा ने अपने कुलगुरु से पूछा, 'गुरुवर! मैं यह चाहता हूँ कि इस जन्म में मैंने जो कुछ पाया है, वह किस पुण्य के फल से मिला है ताकि उससे भी अधिक पुण्य कमा सकूँ और अगले जन्म में इससे भी अधिक धन-धान्य और यश अर्जित कर सकूँ।'

कुलगुरु ने कहा, 'राजन्! पूर्वकाल में एक स्त्री थी, जो सदा ईश्वर की आराधना में लीन रहती थी। तुम उसके सेवक थे। वह स्त्री बहुत दान पुण्य करती थी। उसने एक सोने का वृक्ष भी बनवाया। जिस पर सोने के फूल और देवी-देवताओं की सोने की प्रतिमाएँ लगवायी थीं। उस स्वर्ण वृक्ष के निर्माण में तुमने निष्काम भाव से सहायता की थी। जब इस काम के लिए वह स्त्री तुम्हें पैसे देने लगी, तो तुमने उसे लेने से इनकार कर दिया। तुम्हारा कहना था कि यह तो धर्म का काम है। तुम्हारी पत्नी ने भी स्वर्णवृक्ष के फूलों और मूर्तियों को चमकाने में निःस्वार्थ भाव से मदद की थी। इस जन्म में भी वह तुम्हारी ही पत्नी है। राजन! तुम्हें यह वैभव, प्रसिद्धि भी उसी श्रमदान के कारण मिले हैं।'

आगे कुलगुरु ने कहा, 'उस समय तुम सामान्य व्यक्ति थे। अब तुम राजा हो इसलिए एक पर्वत जितना अन्नदान करो। जब तुम्हें पूर्वजन्म में किये श्रमदान से इतना पुण्य मिल सकता है, तुम इस जन्म में तो राजा हो, पर्वत जितना अन्नदान से कितना फल मिलेगा, इसकी तुम सहज ही कल्पना कर सकते हो।' कुलगुरु की बात राजा की समझ में आ गयी और उसने उनकी आज्ञा का पालन किया।

शिक्षा

किसी प्रकार के निःस्वार्थ दान का पुण्य महान होता है।

8

आँखों वाले अन्धे

एक दिन अकबर ने बीरबल से पूछा, 'बीरबल! जरा बताओ तो इस दुनिया में किसकी संख्या अधिक है, जो देख सकते हैं वे या जो अन्धे हैं वे?' बीरबल बोले, 'अन्धे लोगों की संख्या ज्यादा है।' अकबर ने कहा, 'वो कैसे? क्या तुम यह बात साबित कर सकते हो?' बीरबल बोले, 'तुरंत तो मैं यह बात साबित नहीं कर सकता। मुझे कल तक की मोहलत दीजिये।' अगले दिन बीरबल बीच बाजार में बिना बुनी हुई एक चारपाई लेकर बैठ गये और उसे बुनना शुरू कर दिया। उन्होंने अपने साथ कागज-कलम लेकर दो आदमी बैठा लिये। बीरबल को बीच बाजार बैठा देख भीड़ इकट्ठी हो गयी। वहाँ मौजूद हर व्यक्ति बीरबल से एक ही सवाल पूछ रहा था, बीरबल यह आप क्या कर रहे हैं?' बीरबल के अगल-बगल बैठे दोनों आदमी ऐसा सवाल करने वालों का नाम लिखते जा रहे थे।

जब बादशाह को यह बात पता चली कि बीरबल बीच बाजार में चारपाई बुन रहे हैं, तो वे भी वहाँ जा पहुँचे। उन्होंने तुरन्त बीरबल से पूछा, 'यह तुम क्या कर रहे हो?' कोई जवाब दिये बिना बीरबल ने अपने बगल में बैठे एक आदमी से बादशाह अकबर का नाम लिख लेने को कहा यह सुनकर बादशाह ने उस आदमी के हाथ से कागज छीन लिया। उस पर लिखा था- अन्धे लोगों की सूची। बादशाह ने बीरबल से पूछा, 'यह सब क्या है और इसमें मेरा नाम क्यों लिखा हैं?' बीरबल ने कहा, 'जहाँपनाह! आपने देखा कि मैं चारपाई बुन रहा हूँ, फिर भी आपने सवाल पूछा कि मैं क्या कर रहा हूँ? आप देख सकते हैं फिर भी अन्धों की तरह पूछ रहे हैं? तो हुजूर, अब तो आप मेरी बात से सहमत हैं कि दुनिया में अन्धे लोगों की संख्या ज्यादा हैं?' बीरबल की इस चतुराई पर बादशाह मन्द-मन्द मुस्करा दिये।

शिक्षा

दुनिया में आँख वाले अन्धे अधिक होते है, जो देखकर भी प्रश्न पूछते है।

९

बीरबल ने पकड़ा चोर

अकबर को गहनों का बहुत शौक था। बादशाह के महल में आठ नौकर ऐसे थे, जो उनके वस्त्रों और आभूषणों की देख-रेख करते थे। किसी और को अकबर के कमरे में घुसना मना था। एक दिन अकबर को अपनी प्रिय अँगूठी पहननी थी। लेकिन वहाँ नहीं थी। अकबर क्रोधित हो गये और उसे ढूँढ़ निकालने का आदेश दिया। काफी प्रयासों के बावजूद अँगूठी नहीं मिली। अकबर ने अन्त में बीरबल को बुलाया और कहा, 'हमें वह अँगूठी बहुत प्रिय थी। हमें वह अँगूठी चाहिए।' बीरबल ने कहा, 'जहाँपनाह! आप बेफ्रिक हो जायें। आप शीघ्र ही अपनी अँगुलियों में वह अँगूठी पहन लेंगे।'

बीरबल ने सभी आठ नौकरों को बुलाया, जो अकबर के कमरे में जाते थे। बीरबल ने उन सबको एक ही आकार की एक-एक लकड़ी दी और दूसरे दिन उस लकड़ी को साथ लेकर आने को कहाँ उसने कहा कि जिस व्यक्ति ने अँगूठी चुरायी है, उसकी लकड़ी एक ही रात में एक इंच लम्बी हो जायेगी। अगली सुबह आठों नौकर हाथ में लकड़ी लिये एक कतार में खड़े हो गये। उन आठों नौकरों मे से एक को बीरबल बादशाह के पास ले गया। वह व्यक्ति अकबर के पैंरों में गिर गया, और अपनी भूल मान ली कि उसी ने अँगूठी चुरायी है। बादशाह आश्चर्यचकित थे। उन्होंने बीरबल से पूछा कि उसने चोर को कैसे पकड़ा। बीबरल ने सारी बात बतायी और अन्त में कहा, 'जहाँपनाह, इसने पकड़े जाने के डर से अपनी लकड़ी को एक इंच काट लिया बस, यहीं इससे भूल हो गयी।' बादशाह ने बीरबल की दरबार में प्रशंसा की और चोर को उचित दण्ड दिया।

शिक्षा

अपराध करते समय अपराधी कोई न कोई गलती अवश्य करता है और इसी से वह पकड़ा जाता है।

10

तेनालीराम का घोड़ा

राजा कृष्णदेव राय के पास अच्छी नस्ल के घोड़े थे। वे जब भी उन्हें बेचते, उन्हें अच्छे दाम मिलते थे। यह देखकर तेनालीराम दुःखी हो जाता। उसके पास भी एक घोड़ा था, लेकिन वह मरियल था। इसलिए उसे कोई खरीदना भी पसन्द नहीं करता था।

एक दिन राजा कृष्णदेव राय और तेनालीराम अपने-अपने घोड़े पर सवार होकर सैर को निकले। सैर के दौरान राजा ने तेनालीराम के घोड़े की धीमी चाल देखकर कहा, 'कैसा मरियल घोड़ा है तुम्हारा! इसे औने-पौने दामों में बेच क्यों नहीं देते?' यह सुनकर तेनालीराम ने कहा, 'औने-पौने दामों में क्यों बेचूँ जबकि मुझे इसके अच्छे दाम मिल रहे हैं। यह बहुत करामाती घोड़ा है। यह जो काम कर सकता है, वह आपका घोड़ा नहीं कर सकता। चाहे तो आजमा कर देख लीजिए।'

यह सुनकर कृष्णराय को गुस्सा आ गया और वह बोले, 'ऐसा कोई काम नहीं, जो मेरा घोड़ा न कर सके। इसके लिए हम सौ-सौ स्वर्ण मुद्राओं की शर्त लगाते हैं। जो हारेगा उसे जीतने वाले को सौ स्वर्ण मुद्राएँ देनी होगीं।' तेनालीराम ने यह बात मान ली।

कुछ दूर जाने पर नदी दिखायी दी। जब वे नदी के पास पहुँचे, तो तेनालीराम ने देखा नदी में पानी का बहाव तेज था। उसने आव देखा न ताव अपने घोड़े को नदी में धक्का दे दिया। अब उसने कृष्णदेव राय से कहा, 'महाराज! क्या आपका घोड़ा यह काम कर सकता है?' चूँकि राजा का घोड़ा बहुत कीमती और ताकतवर था, इसलिए राजा ने अपनी हार मान ली। उसने तेनालीराम को सौ स्वर्ण मुद्राएँ दे दीं। मुद्राएँ लेकर तेनालीराम मन ही मन अपनी अक्लमन्दी पर खुश था। वह सोच रहा था कि जिस घोड़े को कोई खरीदता ही नहीं था, उसके बदले मैंने सौ स्वर्ण मुद्राएँ राजा से हासिल कर ली। वह खुश होता हुआ अपने घर की ओर चल दिया।

शिक्षा

कभी-कभी बेमोल वस्तु के भी अच्छे दाम मिल जाते है।

11

अकबर का सपना

एक रात अकबर को सपना आया कि एक दाँत को छोड़कर उसके बाकी सभी दाँत टूट गये हैं। इस सपने का अर्थ जानने के लिए उसने अगले दिन सभी ज्योतिषियों को दरबार में बुलाया। अकबर ने उन्हें अपना सपना बताया और पूछा, 'आप लोग मुझे बतायें कि आखिर मुझे यह सपना क्यों आया। इसके पीछे क्या कारण है?' ज्योतिषियों ने कहा, 'इसका अर्थ यह है कि आपकी मृत्यु से पहले रिश्तेदारों की मृत्यु हो जायेगी।' यह सुनकर अकबर चिन्तित हो गया। उसने बिना कोई पुरस्कार दिये सभी ज्योतिषियों को जाने को कहा वे सभी अपना-सा मुँह लेकर चले गये।

थोड़ी देर बाद दरबार में बीरबल का आना हुआ। इस तरह अकबर को चिन्तित बैठा देख उसने पूछा, 'हुजूर, क्या बात हैं? आप इतने चिन्तित क्यों लग रहे हैं?' अकबर ने उसे भी अपना सपना कह सुनाया और यह भी बताया कि ज्योतिषियों ने उसके सपने का क्या अर्थ बताया है। अकबर की बात सुनकर बीरबल ने चालाकी से कहा, 'मैं आपके सपने का सही अर्थ बता सकता हूँ। इसका अर्थ यह है कि आप अपने सभी रिश्तेदारों से ज्यादा जीवित रहेंगे।' चतुराईपूर्ण उत्तर सुनकर अकबर मुस्करा दिया और उसने बीरबल को पुरस्कार दिया।

शिक्षा

युक्ति से बुरी खबर को भी अच्छे खबर की तरह बताई जा सकती है, जिससे सुनने वाले को बुरा नहीं लगता।

12

तेनालीराम की चतुराई

बीजापुर के सुल्तान इस्माइल आदिलशाह को डर था कि राजा कृष्णदेव राय उसका राज्य छीनना चाहता है। अतः राज्य को बचाने का एक ही उपाय है कि राजा कृष्णदेव राय की हत्या करवा दी जाये। इस काम के लिए आदिलशाह ने कृष्णदेव राय के विश्वसनीय व्यक्ति तेनालीराम को चुना। लेकिन तेनालीराम से यह करवाना मुश्किल था, इसलिए सुल्तान ने उसके बचपन के दोस्त कनकूराजू को भारी इनाम का लालच देकर तेनालीराम के जरिए कृष्णदेव राय की हत्या करवाने के लिए राजी कर लिया।

एक दिन कनकूराजू तेनालीराम के घर पहुँचा। तेनालीराम ने अपने मित्र का स्वागत किया और अपने घर में रूकने की जगह दी। दूसरे दिन जब तेनालीराम घर से बाहर गया हुआ था, तब कनकूराजू ने राजा कृष्णदेव राय को तेनालीराम की तरफ से सन्देश भेजा–महाराज! आप इसी समय मेरे घर आ जाइये। मैं आपको ऐसी चीज दिखाना चाहता हूँ, जो अपने जीवनकाल में कभी नहीं देखी होगी। सन्देश पाकर राजा तुरन्त तेनालीराम के घर पहुँचा। जैसे ही उसने घर में प्रवेश किया, कनकूराजू ने पीछे से उस पर वार कर दिया। लेकिन राजा सचेत था। उसने वार रोक लिया और कनकूराजू को वहीं ढेर कर दिया।

राजा ने सोचा तेनालीराम भी इस षडयन्त्र में शामिल है, इसलिए उसे मृत्युदण्ड देने का फैसला कर लिया। सजा सुनकर तेनालीराम ने दया की प्रार्थना की लेकिन राजा ने कोई रहम नहीं किया। जब तेनालीराम ने सच्चाई बतायी, तो राजा ने कहा, 'मैं तुम्हें माफ तो नहीं कर सकता, क्योंकि तुमने एक गद्दार को अपने घर में आश्रय दिया था, लेकिन इतना जरूर कर सकता हूँ कि तुम्हें किस प्रकार की मृत्यु चाहिए इसका फैसला तुम खुद कर सकते हो।' तेनालीराम चालाक था। उसने कहा, 'मुझे बुढ़ापे की मृत्यु चाहिए, महाराज! 'यह सुनकर दरबारी आश्चर्यचकित रह गये। तेनालीराम की चतुराई देखकर राजा को हँसी आ गयी और वह बोला, 'अपनी बुद्धिमानी से तुम इस बार बच निकले, तेनालीराम!'

शिक्षा

चतुर व्यक्ति बड़े संकट से भी बच निकलता है।

13

सबसे बड़ा रत्न

राजा भीम सिंह को अपनी दौलत का बहुत घमण्ड था। एक दिन उसका पुराना मित्र शमशेर अचानक उससे मिलने आया। कई वर्षों बाद अपने मित्र को देखकर राजा बहुत प्रसन्न हुआ। स्वागत-सत्कार के बाद वह शमशेर को अपना महल और ठाट-बाट दिखाने लगा। घूमते-घूमते वह शमशेर को अपने कोष में ले गया। वहाँ एक से बढ़कर एक रत्नों और आभूषणों को देखकर शमशेर की आँखें चौंधिया गयीं। राजा उसे उनकी कीमत बताने लगा। उसने यह भी बताया कि इनकी सुरक्षा के लिए हजारों सैनिक लगा रखे है। जो चौबीस घण्टे पहरा देते हैं। शमशेर राजा की बातें सुन तो रहा था, लेकिन उसे उनमें कोई रुचि नहीं थी।

काफी देर तक राजा की बातें सुनने के बाद शमशेर ने पूछा, 'एक बात बताओ मित्र! तुम्हारे पास इतना सारा धन है, लेकिन इससे दूसरों को क्या फायदा है?' राजा बोला, 'इतने महँगे रत्नों और आभूषणों से दूसरों को भला क्या फायदा हो सकता है। ये सब तो सिर्फ मेरे लिए हैं।' शमशेर राजा को एक झोपड़ी में ले गया। उसमें एक बुढ़िया रहती थी, जो आटा पीसने का काम करती थी।

शमशेर ने राजा को चक्की की ओर इशारा करते हुए कहा, 'तुम्हारे कोष में तो रत्न हैं, वे भी पत्थर हैं और ये आटा पीसने की चक्की भी पत्थर है। उन रत्नों से तुम्हारे सिवा किसी अन्य व्यक्ति को कोई लाभ नहीं है। लेकिन यह चक्की पूरे गाँव को आटा देती है। उन रत्नों की सुरक्षा के लिए तुम्हें हजारों सिपाही लगाने पड़ते हैं, लेकिन इसे किसी की चौकसी की जरूरत नहीं है। इसलिए राजा मेरी नजरों में तुम्हारे उन कीमती रत्नों से ज्यादा महत्त्व इस चक्की का है।' शमशेर की बात सुनकर राजा को समझ में आ गया कि सबसे बड़ा रत्न तो यह चक्की है, जो गरीब बुढ़िया के पास है।

शिक्षा

सबसे श्रेष्ठ वह है, जिससे सबको लाभ पहुँचे जैसे-आटे की चक्की।

14

मुल्ला नसरुद्दीन और दावत

एक बार मुल्ला नसरुद्दीन को बतौर खास मेहमान दावत के लिए बुलाया गया। उन्होंने निमन्त्रण पढ़कर सोचा, हालाँकि यह जगह बहुत दूर है, लेकिन दावत के लिए क्या तकल्लुफ करना। उन्होंने दावत में जाने का निश्चय किया। मुल्ला जिस लिबास में रोज रहते थे उसी में वे दावतखाने पहुँच गये। उन्होंने कपड़े बदलना भी उचित नहीं समझा। मैले कपड़े और पसीने में लथपथ जब वे दावतखाने पहुँचे, तो दरबान ने उन्हें दरवाजे पर ही रोक लिया। मुल्ला ने बहुत समझाया कि भई, मुझे इस दावत का निमन्त्रण है और मैं आज का खास मेहमान हूँ। उनकी यह बात सुनकर सभी दरबान हँसने लगे और उन्हें बेइज्जत करके वहाँ से भगा दिया।

वहीं से कुछ दूरी पर मुल्ला का दोस्त रहमान रहता था। वे रहमान के घर चले गये। मुल्ला को यूँ अचानक आया देख उनका दोस्त बहुत खुश हुआ। एक-दूसरे की खैर-खबर लेने के बाद मुल्ला ने उससे पूछा, 'भई, रहमान क्या तुम्हें वो लाल शेरवानी याद है, जो तुम कुछ दिनों पहले मुझे तोहफे में देना चाहते थे?' रहमान बोला, 'हाँ बिल्कुल याद है।' मुल्ला ने रहमान को शुक्रिया कहा और शेरवानी पहनकर वापस दावतखाने पहुँचे।

उस लाल शेरवानी में वे किसी अमीर व्यक्ति से कम नहीं लग रहे थे। उन्हें देखकर दरबानों ने सलाम किया और दावतखाने में ले गये। वहाँ सभी लोग मुल्ला का इन्तजार कर रहे थे। मुल्ला की मेहमान नवाजी होने लगी। उन्हें सबसे पहले शोरबा पेश किया गया। मुल्ला अपना प्याला लेकर खड़े हो गये और सारा शोरबा अपनी शेरवानी पर उड़ेल दिया। यह देखकर सभी लोग सन्न रह गये। उनका मुँह खुला का खुला रह गया। उनमें से एक ने पूछा, 'मुल्ला! आपने यह क्या किया? शोरबा आपके लिए था शेरवानी के लिए नहीं।' मुल्ला ने वहीं खड़े दरबानों की ओर देखा और शेरवानी से पूछा 'मुझे उम्मीद है, तुम्हें यह शोरबा बहुत लजीज लगा होगा। यह तुम्हारे लिए ही था। क्योंकि यहाँ दावत पर तुम्हें बुलाया गया था, मुझे नहीं।' यह सुनकर सभी दरबानों के सिर शर्म से झुक गये और उन्होने अपनी हरकत के लिए मुल्ला से माफी माँगी।

शिक्षा

केवल अच्छी वेशभूषा से व्यक्ति के बड़प्पन की परीक्षा नहीं करनी चाहिए, अपितु उसके गुणों को देखना चाहिए।

15

गरीब का झोला

एक दिन मुल्ला कहीं जा रहा था। सड़क पर उसे एक व्यक्ति मिला, जो रो-रो कर अपना नसीब कोस रहा था। वह खुदा से शिकायत कर रहा था कि उसे इतना गरीब क्यों बनाया? मुल्ला उसके पास गया और पूछा, 'क्यों भाई! इतने दुःखी क्यों हो?' गरीब ने अपना फटा-पुराना झोला दिखा कर कहा, 'मेरे पास इतना भी नहीं है कि इस फटे झोले में समा सके। यह झोला ही मेरे पास एकमात्र सामान है।' मुल्ला को उसकी हालत पर तरस आया। अचानक उसने गरीब के हाथ से झोला छपट लिया और भागने लगा।

अपना एकमात्र माल जाता देख गरीब जोर-जोर से रोने लगा। अब वह पहले से भी ज्यादा दुःखी हो गया। लेकिन वह क्या कर सकता था। वह दुःखी होता हुआ अपनी राह पर चल पड़ा। वहीं मुल्ला ने आगे जाकर सड़क के मोड़ पर बीचों-बीच उसका झोला रख दिया। जैसे ही गरीब ने अपना झोला देखा, वह खुशी से दौड़ता हुआ उसके पास पहुँचा। झोला पाकर उसकी खुशी का ठिकाना न रहा गरीब को हँसता देख मुल्ला ने सोचा किसी व्यक्ति को खुश करने का यह एक अच्छा तरीका है।

शिक्षा
कोई वस्तु अनावश्यक नहीं होती गरीब का तुच्छ झोला भी उसके लिए महत्त्वपूर्ण है।

16

मुल्ला नसरुद्दीन और सिक्का

समय के फेर के कारण मुल्ला नसरुद्दीन की किस्मत पलट गयी। वह अमीर से गरीब हो गया। उसके खाने के लाले पड़ गये। एक दिन उसने सोचा भूखे मरने से तो अच्छा है कि मैं भीख माँग लूँ। वह भीख माँगने के लिए शहर के चौक पर खड़ा हो गया। मुल्ला के अच्छे दिनों में उससे जलने वालों की भी कमी नहीं थी। अब मुल्ला को भीख माँगते देख वे उसका मजाक उड़ाने लगे। वे रोज उसके सामने एक सोने का सिक्का और एक चाँदी का सिक्का रखते। मुल्ला रोज उन्हें दुआएँ देता और चाँदी उठा लेता। जैसे ही वह चाँदी का सिक्का उठाता उसके दुश्मन उसे मूर्ख कहते और खूब हँसते।

मुल्ला के साथ एक अन्य भिखारी भी खड़ा होता था। वह रोज मुल्ला को चाँदी का सिक्का उठाते देखता। एक दिन उसने मुल्ला से पूछा भई! 'एक बात बताओ, एक सोने का सिक्के की कीमत चाँदी के कई सिक्कों के बराबर होती है, फिर भी तुम रोज चाँदी का सिक्का उठा लेते हो और अपने दुश्मनों को हँसनें का मौका देते हो। ऐसा क्यों करते हो?' 'अगर एक बार मैंने सोने का सिक्का उठा लिया, तो अगली बार से वे मुझे चाँदी का सिक्का भी नहीं देगें। मैं हर बार उन्हें मुझ पर हँसने का मौका देकर चाँदी का सिक्का उठा लेता हूँ। तुम्हें पता हैं, मैंने इतनी चाँदी जमा कर ली है कि अब मुझे खाने-पीने की कोई फिक्र नहीं है।' मुल्ला की बात सुनकर भिखरी समझ गया कि मूर्ख मुल्ला नहीं वे लोग हैं, जो उस पर हँसने के लिए अनजाने में रोज उसे एक चाँदी का सिक्का दे जाते हैं।

शिक्षा
दूर तक सोचने
वाला हमेशा
सफल रहता है।

17

बादशाह का न्याय

एक बादशाह का नियम था कि वह रात को वेश बदलकर अपने राज्य में घूमता था। एक दिन बादशाह जब राज्य में घूम रहा था, तभी अचानक चार लोगों ने उसके पास आकर पूछा, 'तुम कौन हो?' बादशाह ने कहा, 'मैं रोजी-रोटी की तलाश में घूम रहा हूँ।' यह सुनकर वे चारों खुश हो गये और बोले, 'हम चोर हैं और यहाँ चोरी करने आये हैं। क्या तुम हमारे साथ चोरी करोगे?' बादशाह उनकी योजना जानना चाहता था, इसलिए उसने हाँ कर दी। जब वे लोग चोरी करने के लिए जाने लगे, तो उनमें से एक ने कहा, 'पहले हमें यह तय कर लेना चाहिए कि कौन-सा व्यक्ति क्या काम करेगा। इसके लिए हमें एक-दूसरे का हुनर जान लेना चाहिए।'

योजना बनाकर वे सभी महल में चोरी करने के लिए चल दिये। रास्ते में बादशाह ने सभी का नाम और ठिकाना पूछ लिया। जैसे ही वे महल के पास पहुँचे एक कुत्ता भौंका। पहले चोर ने कहा, 'यह कुत्ता कह रहा है कि बादशाह आस-पास ही है।' लेकिन उसकी बात किसी ने नहीं मानी। दूसरा चोर अन्धेरे में रास्ता बताता हुआ सभी को खजाने के पास ले गया। सभी ने अपने-अपने हुनर का कमाल दिखाया और खूब माल लूटा। माल लेकर जब वे चम्पत हो गये, तो बादशाह तुरन्त महल में गया और अपने सिपाहियों को चोरों का ठिकाना दिया। चोर पकड़े गये और बादशाह उसी वेश में बैठा था, जिसमें वह उन चोरों को मिला था। उसने अपना नकली वेश उतारा, तो चोर अपने सामने बादशाह को देखकर डर गये। वे उनसे माफी माँगने लगे। बादशाह ने कहा, तुमने गुनाह किया है, इसलिए सजा भी मिलेगी। तभी उनमें से एक चोर ने कहा, 'बादशाह, हमने अपना-अपना हुनर दिखाया, लेकिन आपका हुनर दिखाना बाकी है।'

हमारे सभी गुनाह माफ कर दीजिए।' चोर की बात सुनकर बादशाह मुस्कराया और बोला, 'ठीक हैं, मैं तुम्हारे अब तक के सभी गुनाह माफ करता हूँ। लेकिन भविष्य में दोबारा कोई गलत काम मत करना।' बादशाह ने उनके हुनर को ध्यान में रखते हुए महल में सैनिक के तौर पर नियुक्त कर दिया।

शिक्षा
प्रत्येक व्यक्ति में कोई न कोई हुनर होता है, किन्तु उसका उपयोग अच्छे काम में करना चाहिए।

18

खलीफा का न्याय

बगदाद का खलीफा हारुन-अल-रशीद अपनी न्यायप्रियता के लिए प्रसिद्ध था। दूर-दूर से लोग उससे न्याय माँगने आते थे।

उसी नगर में एक रहमान नाम का व्यापारी रहता था। एक दिन उसने यात्रा पर जाने का निश्चय किया। सारा इन्तजाम करने के बाद उसके पास एक हजार अशर्फियाँ बच रही थीं। उसने अशर्फियों को मर्तबान में रखा और उन पर जैतून भरकर अपने पड़ोसी मित्र अली के पास बतौर अमानत रखवा दिया। एक साल बाद जब रहमान यात्रा से लौटा, तो उसने अली से अपना अशर्फियों वाला मर्तबान वापस माँगा। जब उसने मर्तबान में देखा, तो उसमें एक भी अशर्फी नहीं थी। पूछने पर अली साफ मुकर गया और उल्टे रहमान को खरी-खोटी सुनाने लगा।

रहमान न्याय के लिए अली को खलीफा के पास ले गया। सारा मामला सुनने के बाद खलीफा ने अली से पूछा, 'क्या तुमने मर्तबान से अशर्फियाँ निकाली हैं?' अली ने इनकार कर दिया। कोई सबूत न होने के कारण मामले का हल नहीं निकल सका। एक दिन खलीफा अपने घर के आसपास घूम रहा था। तभी उसने देखा के कुछ बच्चे रहमान वाले मामले का नाटक बनाकर खेल रहे हैं। उनमें एक बच्चा खलीफा, एक अली और एक रहमान बना था। खलीफा उनके नाटक का अन्त देखने के लिए वहीं रुक गया।

बालक खलीफा ने रहमान से कहा, 'मर्तबान में रखे जैतूनों की जाँच की जाये कि ये कितने पूराने हैं?' बालक रहमान ने सूँघकर बताया, 'ये ज्यादा से ज्यादा दो महीने पुराने हैं। बालक खलीफा बोला, 'लेकिन तुम तो एक साल के लिए बाहर गये थे। फिर जैतून इतने ताजा कैसे हो सकते हैं? इसका मतलब यह है कि अली ने रहमान के मर्तबान में से अशर्फियाँ निकालकर उनमें ताजा जैतून भर दिये।' बच्चों की बात सुनकर खलीफा को न्याय का रास्ता सूझ गया। उसने तुरन्त रहमान और अली को बुलवाया। उसने मर्तबान में भरे जैतून की जाँच करवाई, तो वे ताजा निकले। इस तरह रहमान को न्याय मिल गया और अली को सजा।

शिक्षा
न्याय करने के पूर्व खूब जाँच-पड़ताल करनी चाहिए।

19

राजा की सूझबूझ

एक व्यापारी कपड़े के पचास थान लेकर दूसरे नगर में बेचने जा रहा था। वह काफी थक चुका था इसलिए रास्ते में एक पेड़ के नीचे सुस्ताने बैठ गया। थकान के कारण उसकी आँख लग गयी। काफी देर बाद जब वह सोकर उठा, तो उसने देखा उसके सारे थान चोरी हो चुके थे। वह घबरा गया और तुरन्त वहाँ के राजा के पास पहुँचा। उसने राजा को सारी बात बतायी और न्याय माँगा। राजा ने अपनी सारी जनता को एक जगह एकत्र होने का आदेश दिया। जब सभी लोग एकत्रित हो गये, तो राजा ने कहा, 'मैं आदेश देता हूँ कि कल प्रत्येक व्यक्ति अपने घर से कपड़े का एक थान लेकर आये। जो ऐसा नहीं करेगा, उसे जेल भेज दिया जायेगा।'

अगले दिन सुबह सभी लोग कपड़े का एक-एक थान लेकर महल पहुँच गये। व्यापारी ने एक-एक कर सभी थान देखने शुरू किये। उसने अपना थान पहचान लिया और जो व्यक्ति थान लाया था, उसे पकड़ लिया। पूछताछ में उसने कबूल कर लिया कि व्यापारी के सभी थान उसी ने चुराये थे। लोगों को उनके थान लौटा दिये गये और चोर को सजा दी गयी। व्यापारी राजा की समझदारी से बहुत खुश हुआ और अपने थान लेकर शहर की ओर चल दिया।

शिक्षा

सभी को उचित न्याय मिले, राजा का यही कर्तव्य होता है।

20

तमाचा

एक दिन मुल्ला नसरुद्दीन बाजार में टहल रहे थे। तभी अचानक एक अजनबी ने आकर उसके गाल पर जोरदार थप्पड़ रसीद कर दिया। इससे पहले कि मुल्ला कुछ समझ पाता, वह अजनबी हाथ जोड़कर माफी माँगते हुए बोला, 'आप बिल्कुल सच्चे मित्र की तरह दिख रहे थे। मैंने सोचा वही जा रहा है। लेकिन आप तो कोई और ही निकले। मुझे माफ कर दीजिए।'

मुल्ला को उसकी बात पर यकीन नहीं हुआ। वह उसे राजा के पास ले जाने लगा। मुल्ला का मित्र शम्सुद्दीन दूर बैठा यह तमाशा देख रहा था। असल में उसी ने मुल्ला को थप्पड़ मारने के लिए उस अजनबी को भेजा था। वह तुरन्त उठकर मुल्ला के पास आया और बिना कुछ जताये मुल्ला के गुस्से का कारण पूछा। मुल्ला ने सारा वाकिया कह सुनाया। शम्सुद्दीन अजनबी का बचाव करते हुए बोला, 'भई, मुल्ला! इसने जानबूझकर तो तुम्हें तमाचा नहीं मारा। चाहो तो यह हर्जाने के रूप में तुम्हें एक रुपया अदा कर देगा।'

चालाक मुल्ला समझ गया कि अजनबी और उसका मित्र आपस में मिले हुए हैं। मुल्ला ने उसे मजा चखाने की सोची और मित्र की बात मान ली। शम्सुद्दीन ने अजनबी से कहा, 'तुम हर्जाने के रूप में एक रुपया मुल्ला को दे दो।' अजनबी बोला, 'मेरे पास अभी तो रुपया नहीं है, तो मैं घर जाकर ला सकता हूँ।' शम्सुद्दीन ने कहा, 'ठीक है, ले आओ। हम यहीं तुम्हारा इन्तजार कर रहे हैं।' उसके जाते ही शम्सुद्दीन पास की ही एक दुकान पर जाकर बैठ गया और गप्पें मारने लगा। लेकिन मुल्ला वहीं खड़ा अजनबी का इन्तजार करता रहा।

काफी देर इन्तजार करने के बाद भी जब वह अजनबी नहीं आया, तो मुल्ला तुरन्त शम्सुद्दीन के पास गया और उसके गाल पर जोर का तमाचा जड़कर कहा, 'जब वह अजनबी एक रुपया लेकर वापस आ जाये, तो उसे तुम रख लेना।' यह कहकर मुल्ला वहाँ से चल दिया।

शिक्षा

जैसे के साथ तैसा ही व्यवहार करना चाहिए, यही ठीक रीति है।

21

सम्राट की कर्तव्यपरायणता

कहा जाता है मगध के सम्राट बिम्बसार की राजधानी कुशागपुर में एक बार विचित्र घटना घटने लगी। रोज किसी-न-किसी के घर में आग लग जाती थी। इस बात से सभी नगरवासी परेशान थे।

एक दिन वे सभी लोग इकट्ठे होकर सम्राट के पास पहुँचे और उन्हें सारी बात कह सुनायी। जनता की परेशानी देखकर सम्राट ने कोई रास्ता खोजने की सोची। उन्होंने नगरवासियों से कहा, 'यदि वे सभी अपने-अपने घरों की रक्षा करें, तो आग लगने की घटना पर काबू पाया जा सकता है।' साथ ही सम्राट ने यह भी घोषणा कर दी कि जिसके घर में आग लगेगी, उसे नगर के बाहर बने जंगल में रहना पड़ेगा।

संयोगवश एक दिन महल में ही आग लग गयी। सम्राट उसी समय महल छोड़कर जंगल की ओर जाने लगे। सभी दरबारियों ने उन्हें रोकने का बहुत प्रयास किया, लेकिन सम्राट नहीं माने, बोले, 'मेरा आदेश कुशागपुर के प्रत्येक निवासी के लिए था और वह मुझ पर भी लागू होता है। मैं अपने द्वारा दिये गये आदेश का उल्लंघन नहीं कर सकता। यदि मैं ही ऐसा करूँगा, तो जनता को क्या जवाब दूँगा?'

सम्राट जंगल में जाकर रहने लगे। उनकी अनुशासनप्रियता और कर्तव्यपरायणता ने प्रजा के मन में उनके लिए आदर और बढ़ा दिया। धीरे-धीरे सभी नगरवासियों के घर जलकर खाक हो गये और वे जंगल में आकर रहने लगे। कहते हैं बाद में उसी जंगल में मगध की नयी राजधानी बनायी गयी, जो राजगृह के नाम से विख्यात हुई।

शिक्षा

कोई भी नियम तभी प्रभावी होता है, जब उसे बनाने वाला उस पर स्वयं भी आचरण करे।

22

सिकन्दर का अहंकार

सिकन्दर ने ईरान के राजा को पराजित कर दिया। इस विजय के बाद वह विश्वविजेता कहलाने लगा। इस खुशी में उसके राज्य की जनता ने उसके सम्मान में जुलूस निकाला। सिकन्दर जहाँ से भी गुजरता सभी लोग सर झुकाकर उसका अभिवादन करते।

इसी दौरान सिकन्दर की नजर मार्ग के दूसरी ओर से आते कुछ फकीरों पर पड़ी। सिकन्दर ने सोचा कि वे फकीर भी रुककर उसका अभिवादन करेंगे। लेकिन किसी ने भी उसकी तरफ नहीं देखा। सिकन्दर ने इसे अपमान समझा और सैनिकों को उन फकीरों को पकड़कर लाने का आदेश दिया। फकीरों को जब सिकन्दर के सामने पेश किया गया, तब वह बोला, 'क्या तुम लोग नहीं जानते कि मैं विश्वविजेता हूँ? तुमने मेरा अपमान करने की हिम्मत कैसे की?'

उन फकीरों में से एक बोला, 'तुम जिस मिथ्या वैभव की बात कर रहे हो, उसे तो हम कभी का त्याग चुके हैं। हमारे लिए तो तुम एक सामान्य व्यक्ति हो, कोई विश्वविजेता नहीं।' यह सुनकर सिकन्दर का चेहरा क्रोध से तमतमा उठा। फकीर ने पुनः कहा, 'तुम जिस मोह-माया के गुलाम हो, वह हमारे लिए कोई मायने नहीं रखती। किस चीज का अहंकार है तुम्हें? तुम हमारी बराबरी कैसे कर सकते हो? हमारे आगे तुम्हारी कैसी प्रभुता?'

सिकन्दर का अहंकार मोम की तरह पिघल गया। उस फकीर के बोल उसे शूल की तरह चुभ रहे थे लेकिन फिर भी उसे अपनी तुच्छता का बोध हो गया था। उन फकीरों के आगे उसका समस्त वैभव फीका था। उसने सभी फकीरों से क्षमा माँगी और उन्हें आदर सहित रिहा कर दिया।

शिक्षा

धन, वैभव, प्रतिष्ठा का अहंकार मिथ्या और तुच्छ होता है, क्योंकि ये वस्तुएँ जीवन में कभी भी, किसी का साथ छोड़ सकती है।

23

पाप की जड़

राजा चन्द्रभान ने एक दिन अपने मन्त्री शूरसेन से पूछा कि पाप की जड़ क्या होती है? शूरसेन इसका कोई सन्तोषजनक उत्तर नहीं दे पाया। राजा ने कहा, 'इस प्रश्न का सही उत्तर ढूँढ़ने के लिए मैं तुम्हें एक माह का समय देता हूँ। यदि दी गयी अवधि में तुम सही उत्तर नहीं ढूँढ़ सके, तो मैं तुम्हें मन्त्री पद से हटा दूँगा।' राजा की बात सुनकर शूरसेन परेशान हो गया। वह गाँव-गाँव भटकने लगा। एक दिन भटकते-भटकते वह जंगल जा पहुँचा। वहाँ उसकी नजर एक साधु पर पड़ी। उसने राजा का प्रश्न उसके सामने दोहरा दिया।

साधु ने कहा, 'मैं डाकू हूँ जो राजा के सिपाहियों के डर से यहाँ छिपा बैठा हूँ। वैसे मैं तुम्हारे प्रश्न का उत्तर दे सकता हूँ। लेकिन इसके लिए तुम्हें मेरा एक काम करना होगा।' शूरसेन ने सोचा काम चाहे जो भी हो, कम से कम उत्तर तो मिल जायेगा। उसने डाकू की बात के लिए हामी भर दी। इस पर डाकू ने कहा, 'तो ठीक है, आज रात तुम्हें नगर के सेठ की हत्या करनी होगी और साथ ही उसकी सारी सम्पत्ति चुरा कर मेरे पास लानी होगी। यदि तुम यह काम करने में सफल हो जाते हो, तो मैं तुम्हें तुम्हारे प्रश्न का उत्तर बता दूँगा।'

शूरसेन लालच में आ गया और जाने लगा। उसे जाता देख डाकू ने कहा, 'एक बार फिर सोच लो। हत्या व चोरी करना पाप है।' शूरसेन ने कहा, 'मैं किसी भी हाल में अपना पद बचाना चाहता हूँ और इसके लिए मैं कोई पाप करने के लिए तैयार हूँ।' यह सुनकर डाकू ने कहा, 'यही तुम्हारे सवाल का सही जवाब है। पाप की जड़ होता है लोभ। पद के लोभ में आकर ही तुम हत्या और चोरी जैसा पास करने के लिए तैयार हो गये। इसी के वशीभूत होकर व्यक्ति पापकर्म करता है।'

शूरसेन ने डाकू का धन्यवाद किया और महल की ओर चल दिया। दूसरे दिन राजदरबार में जब उसने राजा को अपना उत्तर बताया, तो राजा उसकी बात से प्रसन्न हो गया। उसने मन्त्री को ढेर सारे स्वर्णाभूषण देकर सम्मानित किया।

शिक्षा

सभी पापों की जड़ लोभ होता है। लोभ में आकर व्यक्ति कोई भी कुकर्म करने को तैयार हो जाता है। इसलिए लोभ से बचना चाहिए।

२५

मुल्ला नसरुद्दीन का गधा

एक दिन मुल्ला नसरुद्दीन का गधा चोरी हो गया। मुल्ला को समझ में नहीं आ रहा था कि किस पर शक करे और किस पर नहीं। गधा वापस पाने के लिए उसने बाजार में हर जगह इश्तेहार लगा दिया, जिस पर लिखा था, 'जिसने भी मेरा गधा चुराया है, वह मुझे लौटा दो। मैं वही गधा उसे इनाम में दे दूँगा।' जब लोगों ने यह इश्तेहार पढ़ा तो वे उसकी मजाक बनाने लगे। कुछ लोगों ने तो यह तक कह दिया कि गधा खो जाने की वजह से मुल्ला का दिमाग खराब हो गया।

लोगों ने मुल्ला से पूछा, 'इस तरह के इश्तेहार का क्या मतलब हैं? वैसे तो कोई आगे बढ़कर तुम्हारा गधा लौटाने वाला नहीं है। और मान लो अगर कोई आ भी गया, तो तुम वही गधा वापस दे दोगे। तो गधा माँग ही क्यों रहे हो?' 'कहीं तुम्हारा दिमाग तो नहीं फिर गया हैं?' मुल्ला ने कहा, 'दुनिया में दो ही तरह के तोहफे सबसे अच्छे होते हैं। पहला, अपनी खोई हुई चीज को वापस पा लेना और दूसरा अपनी सबसे प्यारी चीज किसी को उपहार में दे देना। इसलिए मैंने यह इश्तेहार लगाया है।' मुल्ला का यह जवाब सुनकर सभी निरुत्तर हो गये।

शिक्षा

अपनी सबसे प्यारी वस्तु किसी को दान में दे देना सबसे बड़ा दान है और अपनी सबसे प्यारी का मिल जाना सबसे बड़ी खुशी होती है।

25

अनोखी अँगूठी

राजा चन्द्रसेन का राज्य और कीर्ति दूर-दूर तक फैली हुई थी। उनके राज्य में एक से बढ़कर एक विद्वान थे। एक दिन राजा ने उनकी बुद्धिमानी की परीक्षा लेने की सोची। उसने सभी विद्वानों को दरबार में बुलाया और कहा, 'मुझे स्वप्न में एक अँगूठी दिखायी दी। जिसे पहनकर मुझे बहुत खुशी होगी, लेकिन जब भी मैं उसे देखूँगा तो उदास हो जाऊँगा। क्या आप लोग मेरे लिए ऐसी अनोखी अँगूठी ला सकते हैं?'

किसी भी विद्वान के पास राजा की बात का जवाब नहीं था। उन्हें तो वैसे ही राजा की बात अजीब लग रही थी। वे सभी सोच में पड़ गये कि भला ऐसी अँगूठी कहाँ मिलेगी। बहुत देर तक विचार-विमर्श करने के बाद उन्होंने अँगूठी बनवाने का निश्चय किया। कुछ दिनों बाद उन्होंने वह अँगूठी राजा को भेंट कर दी। राजा खूबसूरत अँगूठी को पहनकर बहुत खुश हुआ। लेकिन जैसे ही उसने अँगूठी को गौर से देखा, वह उदास हो गया। विद्वानों ने अँगूठी पर लिखवा दिया था, 'एक दिन सब कुछ नष्ट हो जायेगा।'

स्वप्न झूठे होते है, किन्तु मृत्यु शाश्वत और अटल है, इस बात का स्मरण करके दु:खी नहीं होना चाहिए।

26

दगा किसी का सगा नहीं

राजा इन्द्रसेन को रोज कथा सुनने का शौक था। इसलिए उसने एक कथावाचक नियुक्त कर रखा था। वह रोज राजा को कथा सुनाने आया करता। कथा सुनने के बाद राजा उसे एक सोने की मोहर देता था। यह बात राजा के मुँह लगे एक दरबारी को पसन्द नहीं आती थी। उसने एक युक्ति सोची।

एक दिन मौका पाकर दरबारी ने कथावाचक से कहा, 'तुम कैसे कथावाचक हो? महाराज मदिरा पान करते हैं और तुम हो कि उनके मुँह में मुँह डाल कर कथा सुनाते हो। इससे महाराज के मुँह की हवा तुम्हारे मुँह में चली जाती है और तुम्हारा धर्म भ्रष्ट हो जाता है। इसलिए कल से जब कथा सुनाने आओ, तो मुँह पर पट्टी बाँध कर आना।'

कथावाचक को दरबारी की बात सही लगी। उसके जाते ही दरबारी राजा के पास पहुँचा और बोला, 'महाराज, आपने कैसा कथावाचक रखा है? वह कहता है कि महाराज के मुँह से मदिरा की दुर्गन्ध आती है। कल से मुँह पर पट्टी बाँध कर आया करूँगा।' दरबारी की बात सुनकर राजा को बहुत क्रोध आया। उसने कथावाचक को दण्ड देने की ठान ली। अगले दिन कथावाचक मुँह पर पट्टी राजा के पास पहुँचा और कथा सुनाकर सार की बात कही, 'दगा किसी का सगा नहीं, जो करता सो भोगता।'

कथा सुनाने के बाद राजा ने उसे एक की बजाय दो मोहरें दीं। साथ में एक चिट्ठी देते हुए कहा, 'इसे कोतवाल को दे देना।' कथावाचक मोहरें और चिट्ठी लेकर जैसे ही दरबार से बाहर निकला, उसे वही दरबारी मिल गया। कथावाचक ने अपनी दो मोहरों में से एक मोहर दरबारी को देते हुए कहा, 'महाराज ने कोतवाल के नाम यह चिट्ठी दी है। मैं थोड़ा जल्दी में हूँ, क्या आप इसे कोतवाल तक पहुँचा देंगे?' दरबारी ने कहा, 'हाँ, इसमें क्या बात है।' वह तुरन्त चिट्ठी लेकर कोतवाल के पास पहुँच गया। कोतवाल ने चिट्ठी पढ़ी, उसमें लिखा था कि चिट्ठी लाने वाले की नाक तुरन्त काट ली जाये। कोतवाल ने दरबारी को पकड़ा और झट से उसकी नाक काट ली। इस तरह दरबारी को दगा देने की सजा मिल गयी।

शिक्षा
दगाबाज को दगाबाजी का फल अवश्य मिलता है।

27

बरतन

एक शाम मुल्ला नसरुद्दीन रसोई में कुछ बना रहा था। तभी उसे एक अन्य बरतन की आवश्यकता महसूस हुई। लेकिन उसके पास बरतन न होने के कारण वह पड़ोसी के पास गया। उससे एक बरतन माँगा और वादा किया कि अगले दिन वह बरतन लौटा देगा।

दूसरे दिन मुल्ला पड़ोसी के घर बरतन लौटाने गया। पड़ोसी ने देखा कि उसके बरतन के भीतर वैसा ही एक छोटा बरतन और रखा हुआ है। पड़ोसी ने पूछा, 'भई मुल्ला! यह छोटा बरतन किसलिए?' मुल्ला ने कहा, 'तुम्हारे बरतन ने रात को इस छोटे बरतन को जन्म दिया था, इसलिए मैं तुम्हें दो बरतन लौटा रहा हूँ।' पड़ोसी को यह सुनकर बहुत खुशी हुई और उसने वे दोनों बरतन मुल्ला से ले लिए। दो-तीन दिन बाद मुल्ला दौबारा पड़ोसी के घर बरतन माँगने गया। इस बार उसने बड़ा बरतन माँगा। पड़ोसी ने खुशी-खुशी मुल्ला को बरतन दे दिया और अगले दिन का इन्तजार करने लगा।

एक हफ्ता गुजर गया लेकिन मुल्ला बरतन वापस करने नहीं आया। एक दिन पड़ोसी और मुल्ला बाजार में टकरा गये। पड़ोसी ने मुल्ला से पूछा, 'मेरा बरतन कहाँ है?' मुल्ला ने कहा, 'वह तो मर गया।' पड़ोसी ने हैरत से पूछा, 'ऐसा कैसे हो सकता है? बरतन भी कभी मरते हैं!' मुल्ला बोला, 'क्यों भाई! अगर बरतन जन्म दे सकते हैं, तो मर क्यों नहीं सकते?' मुल्ला की बात सुनकर पड़ोसी समझ गया कि अब उसका बरतन कभी वापस नहीं आने वाला।

शिक्षा
अधिक चालाक बनना और अनहोनी को सच मान लेना मूर्खतापूर्ण कार्य है।

28

राजकुमारी का टूटा घमण्ड

राजा कुलभूषण की पुत्री विजया जितनी सुन्दर थी, उतनी ही घमण्डी भी थी। वह किसी से भी सीधे मुँह बात नहीं करती थी। एक दिन महल में एक महात्मा का आगमन हुआ। उन्होंने विजया के माथे की लकीरों को देखकर कहा, 'इस कन्या का विवाह मन्त्री के पुत्र से होगा।' यह सुनकर विजया क्रोधित हो गयी। उसने तुरन्त महात्मा को महल से चले जाने का आदेश दिया। राजा कुलभूषण का मन्त्री पुत्र अंगद मन ही मन विजया को पसन्द करता था। एक दिन उसने विजया के सामने विवाह का प्रस्ताव रख दिया। विजया ने उसे बेइज्जत करके महल से निकाल दिया। वह अपमान का घूँट पीकर नगर छोड़कर चला गया।

चलते-चलते वह ऐसे सुन्दर स्थान पर पहुँच गया, जहाँ चारों तरफ हरियाली ही हरियाली थी। वह उस सुन्दर स्थान को देख ही रहा था, तभी उसकी नजर एक हाथी पर पड़ी, जो अपनी सूँड में माला लिए उसी की ओर आ रहा था। उसने वह माला अंगद के गले में डाल दी। अंगद को कुछ समझ में नहीं आ रहा था। उसे परेशान देखकर एक व्यक्ति ने उसे बताया कि हमारे राजा की मृत्यु हो चुकी है। हमें एक महात्मा ने बताया था कि राजा का हाथी जिसके गले में माला डालेगा, वही हमारा राजा होगा। आज से आप ही हमारे राजा हैं। अंगद ने उनकी बात मान ली और राज कार्य सम्भालने लगा।

इसी तरह दो वर्ष बीत गये। एक बार किसी समारोह में विजया ने अंगद को देखा और उससे प्रेम करने लगी। वह उसे पहचान नहीं पायी थी। पुत्री की प्रसन्नता को ध्यान में रखकर राजा कुलभूषण ने अंगद के पास विजया के विवाह का प्रस्ताव भेजा। अंगद ने प्रस्ताव स्वीकार कर लिया और धूमधाम से दोनों का विवाह हो गया। जब विजया अंगद के महल पहुँची, तो अंगद ने उससे कहा, 'महात्मा की बात सच हो गयी ना। आखिर हो ही गया तुम्हारा विवाह मन्त्री के पुत्र से।' उसकी बात सुनकर विजया चौंक गयी। उसने ध्यान से अंगद को देखा, तो वह उसे पहचान गयी। तभी अंगद ने कहा, 'तुमने तो महात्मा और मुझे बेइज्जत करके महल से निकाल दिया था, लेकिन जो भाग्य में लिखा होता है, वही होकर रहता है।' अंगद की बातें सुनकर विजया शर्मिंदा हो गयी और उसने अपना व्यवहार बदलने की कसम खायी।

शिक्षा

घमण्ड में आकर दूसरों का अपमान नहीं करना चाहिए। क्या पता अपमानित व्यक्ति ही काम आ जाये।

29

राह की बाधा

बहुत पुरानी बात है। एक दिन राजा शौर्य ने मुख्य मार्ग के बीचों-बीच एक बड़ा पत्थर रखवा दिया और स्वयं एक पेड़ के पीछे छुपकर देखने लगा कि कोई उस पत्थर को हटाता है या नहीं। उस मार्ग से कई राजदरबारी और व्यापारी गुजरे, लेकिन पत्थर वहीं पड़ा रहा कुछ लोग तो राज्य की मार्ग-व्यवस्था को कोसने लगे। किसी ने भी पत्थर को हटाने का प्रयास नहीं किया।

थोड़ी देर बाद वहाँ से एक किसान गुजरा। उसकी पीठ पर अनाज का बोरा लदा हुआ था। उसने पत्थर को देखकर सोचा, बीच राह में इतना भारी पत्थर रखा हुआ है। इससे टकरा कर किसी को चोट लग जायेगी। मैं इसे हटा देता हूँ। उसने अनाज का बोरा एक तरफ रखा और पत्थर हटाने का प्रयास करने लगा। काफी देर की कोशिश के बाद वह पत्थर हटाने में सफल हो गया।

जब किसान अपना बोरा उठाकर घूमा, तो उसने देखा जहाँ पत्थर पड़ा हुआ था, वहाँ मोहरों से भरी थैली रखी है। उसने वह थैली नहीं उठायी और आगे जाने लगा। पीछे से आवाज आयी, 'अरे भई, रुको।' किसान ने मुड़कर देखा, तो राजा शौर्य खड़ा था। राजा को देखकर किसान डर गया कि न जाने उसने क्या अपराध कर दिया है। राजा ने किसान से कहा, 'डरो मत! यह पत्थर मैंने ही मार्ग में रखा था। मैं देखना चाहता था कि कितने लोग जीवन में आयी बाधा को हटाने का प्रयास करते है। लेकिन दुःख की बात है कि यहाँ से बहुत लोग गुजरे परन्तु किसी ने इसे नहीं हटाया। सिर्फ तुमने यह काम किया है। जिस तरह यह पत्थर जीवन में आने वाली बाधा के समान था, उसी तरह यह इनाम उस बाधा को दूर करके मिलने वाली उन्नति की तरह है। किसान ने खुशी-खुशी मोहरों की थैली ले ली और राजा को धन्यवाद देकर अपनी राह पर चल दिया।

शिक्षा

जीवन और राह में आने वाली कठिनाई को श्रम पूर्वक हटा देने से सफलता रूपी धन मिलता है और दूसरों का भी भला होता है।

30

बेमन के काम का परिणाम

राजा अमर्त्य राव के राज्य में ज्ञानचन्द नाम का एक भवन-निर्माता काम करता था। वह कई भव्य इमारतें बना चुका था। राजा उसके काम से बहुत खुश था। एक दिन ज्ञानचन्द ने राजा से कहा, 'महाराज, अब मैं बूढ़ा हो चला हूँ। मेरे काम करने की शक्ति कम होती जा रही है। अगर आप आज्ञा दें, तो मैं बाकी का जीवन गाँव में अपने परिवार के साथ बिताना चाहता हूँ।' राजा ने पूछा, 'गाँव जाकर तुम क्या करोगे? अपने परिवार को यहाँ क्यों नहीं बुला लेते?'

ज्ञानचन्द बोला, 'महाराज! चाहता तो मैं भी यही हूँ कि वे सभी यहाँ आकर रहें, लेकिन उन्हें रखने के लिए मेरे पास अपना घर नहीं है। सारा जीवन काम में बिता दिया। इतना समय ही नहीं मिला कि अपना घर बनवा सकूँ। लेकिन अब गाँव जाकर सबसे पहले छोटा-सा घर बनाऊँगा।' राजा ने कहा, 'तुम जाना चाहते हो, तो जा सकते हो, लेकिन एक आखिरी भवन-निर्माण और कर दो।' ज्ञानचन्द राजा की बात कैसे टाल सकता था। उसने हाँ तो कर दी लेकिन उस भवन-निर्माण में उसका मन नहीं लग रहा था। वह जल्दी इस काम को निपटा कर गाँव जाना चाहता था। इसलिए उसने काम पर पूरी तरह ध्यान नहीं दिया। काम ढंग से हो रहा है या नहीं, उसे इस बात की भी परवाह नहीं थी।

कुछ दिनों में भवन बनकर तैयार होने की सूचना पाकर राजा उसे देखने पहुँचा। राजा ने ज्ञानचन्द से कहा, 'अब तुम्हें गाँव जाकर घर बनवाने की जरूरत नहीं है। आज से तुम और तुम्हारा परिवार यहीं रहेगा। मैं यह भवन तुम्हें उपहार के रूप में देता हूँ।' यह सुनकर ज्ञानचन्द स्तब्ध रह गया। वह सोचने लगा कि मैंने सारा जीवन एक से बढ़कर एक भवन बनाये। लेकिन जब अपने लिए भवन बनाने का समय आया, तो मैंने काम से जी चुरा लिया। मैं चाहता तो अपने हुनर से अपना घर और भी सुन्दर बना सकता था। मुझे यूँ जल्दबाजी में घास नहीं काटनी चाहिए थी। लेकिन अब कुछ नहीं हो सकता था। वह मन मसोसकर रह गया।

शिक्षा
किसी कार्य को जल्दबाजी तथा बेमन का नहीं करना चाहिए, वरना पछताना पड़ता है।

Rose

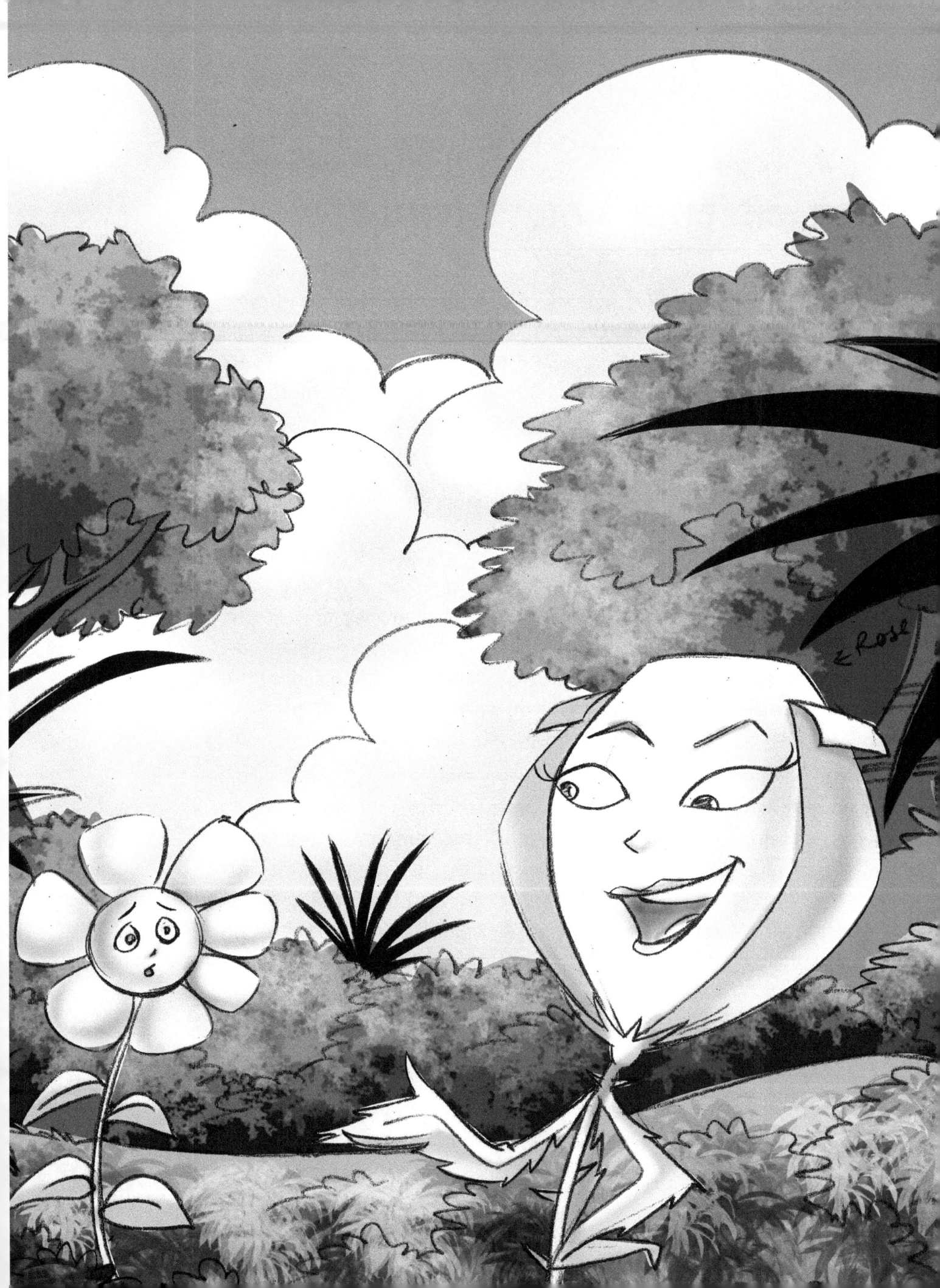

31

सच्ची सुन्दरता

राजा अमर्त्य सेन हर वर्ष अपने कुलदेवता की पूजा करता था। इसके लिए वह अपने बगीचे का सबसे सुन्दर फूल चुनता और उसे कुलदेवता के चरणों में चढ़ा देता था। पिछले कई वर्षों से लाल गुलाब के फूल को इसके लिए चुना जा रहा था। इसलिए गुलाब का पौधा बहुत घमण्डी हो गया था। उसे लगता था कि वही एक है, जो सबसे सुन्दर है। घमण्ड के कारण वह तितलियों और मधुमक्खियों को अपने आप-पास फटकने भी नहीं देता था। वहीं दूसरी तरफ गुलाब के पौधे के पीछे एक जंगली पौधा अपने आप उग आया था। उसमें पीले रंग के चमकदार और खूबसूरत फूल उगे थे।

जंगली पौधा होने के कारण माली उस पर ध्यान नहीं देता था। जबकि वह पौधा तितलियों और मधुमक्खियों को अपना रस पीने देता था। पक्षी भी उसकी डालियों पर बैठकर खुश होते थे। यह सब देखकर पौधे को बहुत खुशी होती था। हर वर्ष की तरह इस वर्ष भी राजा कुलदेवता की पूजा के लिए सबसे सुन्दर फूल चुनने बगीचे में आया। उसे अपनी ओर आता देख गुलाब के पौधे ने सोचा कि महाराज मेरे सिवा किसी और को चुन ही नहीं सकते, क्योंकि बगीचे का सबसे सुन्दर फूल तो मैं ही हूँ। बगीचे का माली राजा को गुलाब के पास ले गया।

उसने कहा, 'इस बार तो गुलाब और भी सुन्दर और बड़े खिले हैं महाराज!' यह कहते हुए जैसे ही उसने गुलाब का फूल तोड़ने के लिए हाथ आगे बढ़ाया, राजा ने उसे रोकते हुए कहा, 'मैं किसी और सुन्दर फूल को ढूँढ़ रहा हूँ।' राजा ने इधर-उधर देखा, तो उसे पीले फूलों वाला जंगली पौधा दिखायी दिया। उसके चारों तरफ तितलियाँ और पतंगे घूम रहे थे। जबकि गुलाब का पौधा बिल्कुल अकेला खड़ा था। राजा जंगली पौधे के पास गया और बोला, 'माली, यह वह पौधा है, जो बिना खाद-पानी के उग गया है। तुमने बाकी सभी पौधों का ध्यान रखा होगा। उन्हें समय पर खाद-पानी भी दिया होगा, तब जाकर वे इतने सुन्दर हैं, लेकिन यह पौधा अपनी हिम्मत से खड़ा हुआ है। यह कितना स्वस्थ और सुन्दर है। सबसे अच्छी बात तो यह है कि इसके अच्छे स्वभाव के कारण तितलियाँ इसके पास आकर बेहद खुश हैं। यही सच्ची सुन्दरता हैं। इसलिए कुलदेवता की पूजा के लिए मैं इस जंगली फूल को चुनता हूँ।' यह कहकर राजा महल लौट गया और गुलाब का फूल अपना मुँह लटकाए खड़ा रह गया। उसका घमण्ड टूट चुका था।

शिक्षा

अपने साहस और बल पर जीने वाले ही सृष्टि के सुन्दर फूल जैसे होते है।

31

ऊँट की गर्दन

एक दिन अकबर ने बीरबल की चतुराई और हाजिरजवाबी से खुश होकर उसे इनाम देने की घोषणा कर दी। लेकिन कई दिन गुजरने के बाद भी बीरबल को इनाम की राशि नहीं मिली। उसकी समझ में नहीं आ रहा था कि जहाँपनाह को इनाम की बात याद कैसे दिलायी जाये। एक दिन बादशाह अकबर शाम की सैर पर निकले। बीरबल भी उनके साथ था। अकबर ने एक ऊँट को घूमते हुए देखा। उसकी मुड़ी हुई गर्दन को देखकर अकबर ने बीरबल से पूछा, 'बताओ बीरबल! ऊँट की गर्दन मुड़ी हुई क्यों होती है?'

बीरबल ने सोचा, जहाँपनाह को उनका वादा याद दिलाने का इससे अच्छा मौका नहीं मिलेगा। उसने कहा, 'जहाँपनाह, यह ऊँट किसी को इनाम देने का वादा करके भूल गया होगा, इसलिए इसकी गर्दन मुड़ गयी है। ऐसा माना जाता है कि जो लोग वादा करके भूल जाते हैं, ईश्वर उनकी गर्दन मोड़ देते हैं।'

बीरबल की बात सुनकर अचानक अकबर को अपना वादा याद आ गया। उन्होंने बीरबल से तुरन्त महल चलने को कहा वहाँ पहुँचकर अकबर ने सबसे पहले बीरबल को इनाम की धनराशि सौंप दी और पूछा, 'अब तो मेरी गर्दन ऊँट की तरह नहीं मुड़ेगी ना बीरबल?' यह कहकर वे जोर से हँसने लगे। वे समझ गये थे कि बीरबल ने चतुराई से बिना माँगे अपना इनाम प्राप्त कर लिया है।

शिक्षा

चतुराई और हाजिर जवाबी से मनचाही वस्तु मिल जाती है।

३३

ईश्वर की खोज

एक साधक नदी के किनारे ध्यानमग्न बैठा था। तभी उसके पास एक युवक आया और हाथ जोड़कर विनयपूर्वक बोला, 'मैं आपका शिष्य बनना चाहता हूँ। क्या आप मुझे अपना शिष्य बनायेंगे?' साधक ने पूछा, 'तुम मेरे शिष्य क्यों बनना चाहते हो?' युवक ने कहा, 'मैं भी आपकी तरह ईश्वर को पाना चाहता हूँ।' साधक ने उसका सिर पकड़कर नदी में डुबो दिया। युवक स्वयं को बचाने के लिए छटपटाता रहा कुछ देर तक उसका सिर पानी में डुबोने के बाद साधक ने उसे छोड़ दिया।

युवक ने सिर बाहर निकाला और गहरी-गहरी साँसें लेने लगा। काफी देर बाद वह कुछ सामान्य हुआ। तब साधक ने उससे पूछा, 'जब तुम्हारा सिर पानी के भीतर था, तब तुम्हें सबसे ज्यादा किस चीज की आवश्यकता महसूस हो रही थी?' युवक ने कहा, 'मेरा दम घुट रहा था, इसलिए हवा की जरूरत महसूस हो रही थी।' साधक ने कहा, 'अब तुम अपने घर लौट जाओ। मेरे पास तभी वापस आना, जब तुम्हें ईश्वर की भी उतनी ही अवश्यकता महसूस हो जितनी हवा की हो, रही थी। उस दिन मैं बिना परीक्षा लिये तुम्हें अपना शिष्य बना लूँगा।'

शिक्षा

साधक बनने के लिए ईश्वर के प्रति उत्कट अभिलाषा होनी चाहिए।

३५

राजा चन्द्रसेन और किसान

एक बार राजा चन्द्रसेन अपनी सेना के साथ विजय प्राप्त करके लौट रहा था। रास्ते में उसने एक गाँव के पास पड़ाव डाला। सैनिकों को भूख-प्यास से व्याकुल हुआ देख राजा ने सेना के सरदार से कहा, 'पास में ही एक गाँव है। तुम वहाँ के सबसे बड़े खेत पर जाओ और सारी फसल कटवा कर ले आओ।' सरदार तुरन्त कुछ सैनिकों के साथ गाँव की ओर रवाना हो गया। कुछ दूर चलने पर उसे एक किसान दिखायी दिया। उसने किसान से कहा, 'हमें गाँव के सबसे बड़े खेत पर ले चलो।' किसान उन्हें एक खेत पर ले गया। जैसे ही सैनिक फसल काटने लगे, किसान ने उन्हें रोकते हुए कहा, 'आप मेरे साथ दूसरे खेत पर चलिए। आप वहाँ की सारी फसल काट सकते हैं।' सरदार उसकी बात मान गया। काफी दूर चलने पर एक छोटा-सा खेत दिखायी दिया। किसान उन्हें उस खेत पर ले गया और बोला, 'आप चाहें तो सारी फसल ले जा सकते हैं।'

छोटे खेत को देखकर सरदार को गुस्सा आ गया। उसने किसान से पूछा, 'तुम मूर्ख हो क्या? इतने बड़े खेत को छोड़कर हमें इस छोटे से खेत पर क्यों ले आये?' किसान ने नम्रतापूर्वक उत्तर दिया, 'मुझे मालूम नहीं था कि आप खेत के लिए क्यों पूछ रहे थे। मैं पहले जिस खेत पर ले गया था, वह मेरा खेत नहीं था। उसकी फसल का फैसला मैं कैसे कर सकता था? लेकिन यह मेरा खेत है। इसकी फसल पर मेरा पूरा अधिकार है। अपना खेत बचाने के लिए मैं दूसरे के खेत को उजाड़ नहीं सकता था। इसलिए मैं आपको यहाँ ले आया।'

किसान की बात सुनकर सरदार का गुस्सा शान्त हो गया। वह बिना फसल लिए राजा के पास पहुँचा और उसे सारी बात बता दी। किसान की बातों से राजा बहुत प्रभावित हुआ और उसने ढेर सारी अशर्फियाँ देकर किसान के खेत की सारी फसल कटवा ली। किसान भी अपनी मेहनत के बदले में इतना सारा धन पाकर बहुत खुश था।

शिक्षा
दूसरों के लिए त्याग करने वाला महान व सच्चा इनसान होता है।

३५

राजा चन्द्रसेन और किसान

एक बार राजा चन्द्रसेन अपनी सेना के साथ विजय प्राप्त करके लौट रहा था। रास्ते में उसने एक गाँव के पास पड़ाव डाला। सैनिकों को भूख-प्यास से व्याकुल हुआ देख राजा ने सेना के सरदार से कहा, 'पास में ही एक गाँव है। तुम वहाँ के सबसे बड़े खेत पर जाओ और सारी फसल कटवा कर ले आओ।' सरदार तुरन्त कुछ सैनिकों के साथ गाँव की ओर रवाना हो गया। कुछ दूर चलने पर उसे एक किसान दिखायी दिया। उसने किसान से कहा, 'हमें गाँव के सबसे बड़े खेत पर ले चलो।' किसान उन्हें एक खेत पर ले गया। जैसे ही सैनिक फसल काटने लगे, किसान ने उन्हें रोकते हुए कहा, 'आप मेरे साथ दूसरे खेत पर चलिए। आप वहाँ की सारी फसल काट सकते हैं।' सरदार उसकी बात मान गया। काफी दूर चलने पर एक छोटा-सा खेत दिखायी दिया। किसान उन्हें उस खेत पर ले गया और बोला, 'आप चाहें तो सारी फसल ले जा सकते हैं।'

छोटे खेत को देखकर सरदार को गुस्सा आ गया। उसने किसान से पूछा, 'तुम मूर्ख हो क्या? इतने बड़े खेत को छोड़कर हमें इस छोटे से खेत पर क्यों ले आये?' किसान ने नम्रतापूर्वक उत्तर दिया, 'मुझे मालूम नहीं था कि आप खेत के लिए क्यों पूछ रहे थे। मैं पहले जिस खेत पर ले गया था, वह मेरा खेत नहीं था। उसकी फसल का फैसला मैं कैसे कर सकता था? लेकिन यह मेरा खेत है। इसकी फसल पर मेरा पूरा अधिकार है। अपना खेत बचाने के लिए मैं दूसरे के खेत को उजाड़ नहीं सकता था। इसलिए मैं आपको यहाँ ले आया।'

किसान की बात सुनकर सरदार का गुस्सा शान्त हो गया। वह बिना फसल लिए राजा के पास पहुँचा और उसे सारी बात बता दी। किसान की बातों से राजा बहुत प्रभावित हुआ और उसने ढेर सारी अशर्फियाँ देकर किसान के खेत की सारी फसल कटवा ली। किसान भी अपनी मेहनत के बदले में इतना सारा धन पाकर बहुत खुश था।

शिक्षा
दूसरों के लिए त्याग करने वाला महान व सच्चा इनसान होता है।

रूप और घमण्ड

रानी रूपमति अनिन्द्य सुन्दरी थी। कहते हैं कि वह इतनी सुन्दर थी कि पानी पीती, तो गले से उतरता हुआ दिखायी पड़ता था। रानी के रूप सौन्दर्य की सराहना सब तरफ होती थी। वह अकसर राजा से पूछती कि मुझसे सुन्दर और कोई है? राजा कहता कि तुम सबसे सुन्दर हो और मेरी बहुत प्रिय हो। एक बार की बात है। रूपमति ने राजा से कहा, 'राजा जी! मुझसे सुन्दर कोई नहीं है।' इस बार राजा ने कोई उत्तर नहीं दिया। रूपमति ने यह बात बार-बार दोहराई लेकिन राजा चुप्पी साध कर बैठ गया। अगले दिन रूपमति खूब सज-सँवर कर आयी और राजा से बोली, 'राजा जी मुझसे सुन्दर कोई नहीं है।' राजा ने कोई जवाब नहीं दिया। वह वहाँ से उठ गयी। रूपमति रोज यही बात कहती और राजा कोई जवाब नहीं देता। राजा को इस तरह मौन साधे देखकर एक दिन रूपमति तिलमिला कर बोली, 'आप पहले मुझे सबसे सुन्दर बताते थे लेकिन अब जवाब देने से बचते हैं।' राजा ने कहा, 'तुमने मुझसे कुछ पूछा कहाँ? तुमने तो मुझे बताया है कि तुमसे सुन्दर कोई नहीं है। पहले तुम मुझसे पूछती थी कि मुझसे सुन्दर और कोई है? तुम्हारे बोलने में पहले प्रीत थी और अब घमण्ड।' रूपमति समझ गयी कि रूप सभी को अपनी ओर खींचता है लेकिन रूप का घमण्ड प्रियजनों को भी दूर कर देता है। फिर कभी रूपमति ने अपने रूप का घमण्ड नहीं किया और राजा पहले की तरह उसकी सराहना करने लगा।

एक ही बात बार-बार कहने पर, सुनने वाला चुप्पी साध लेता है।

36

जब आवे सन्तोषधन

एक राजा था। उसके राज्य में प्रजा बड़ी सुखी थी। इस राज्य की एक विशेषता थी। यहाँ का राजा अपने राज्य में तरह-तरह की प्रतियोगिताएँ आयोजित करवाता और विजेता को सम्मानसहित पारितोषिक भी देता। प्रजा इससे सदा उत्साहित रहती। इस बार राजा ने प्रतियोगिता रखी, राजपुरुष के चयन की। इसके लिए उसने एक वाटिका बनवायी। इस वाटिका में संसार की सभी वस्तुएँ थीं। हर वस्तु अलग-अलग मूल्य की थी। उन पर मूल्य नहीं लिखा गया था। राजा का ऐलान था कि जो व्यक्ति सबसे अधिक मूल्य की वस्तु लेकर वाटिका से बाहर आयेगा, उसे इस वर्ष का राजपुरुष घोषित किया जायेगा।

लोग वाटिका में जाते अपने-आप कोई पुस्तक उठाकर लाया, क्योंकि उसके लिए ज्ञान अधिक मूल्यवान था। एक गरीब रोटी उठाकर लाया। उसकी नजर में रोटी अधिक मूल्यवान थी। एक भक्त ईश्वर की मूर्ति उठाकर लाया। उसके लिए ईश्वर की मूर्ति बहुमूल्य थी। इन व्यक्तियों में एक योगी पुरुष भी था। वह वाटिका में घूमा सभी वस्तुओं को उसने देखा, परन्तु वह कोई भी वस्तु उठाकर नहीं लाया। राजा ने व्यक्तियों द्वारा लायी वस्तुओं की परीक्षा ली। जब योगी की बारी आयी तो राजा ने पूछा, 'तुम क्या लाये हो, योगी?'

'मैं सन्तोष लाया हूँ, महाराज' योगी बोला। 'तुम्हारा सन्तोष क्या सबसे मूल्यवान है?'-राजा ने पूछा। योगी ने जवाब दिया, 'हाँ, महाराज। इस वाटिका में आपने जितनी भी वस्तुएँ रखी हैं, उन्हें प्राप्त कर मनुष्य को सन्तोष होता है। वस्तु को पा लेने से जो सन्तोष होता है, वह पूर्ण सन्तोष नहीं होता ।'

'वह आधा सन्तोष है। इस वस्तु के खो जाने पर या छिन जाने पर उस व्यक्ति का सन्तोष नहीं रहेगा। यहाँ सन्तोष का केन्द्र बिन्दु मन हैं, उसी व्यक्ति के पास संसार की सबसे मूल्यवान वस्तु हैं।' राजा योगी की बात सुनकर प्रसन्न हुए। राजा ने राजपुरुष की घोषणा करने से पहले विद्वानों की एक सभा बुलायी। उन्होंने योगी की बात को समझा। योगी पुरुष ने कहा,

गोधन, गजधन, बाजिधन और रतन धन खान।

जब आवे सन्तोषधन, सब धन धूरि समान।।

विद्वानों की सहमति के आधार पर उस योगी को राजा ने उस वर्ष का राजपुरुष घोषित किया।

शिक्षा

सन्तोष से बढ़कर अन्य कोई धन श्रेष्ठ नहीं है।

37

वरदान

एक निर्जन स्थान पर पास-पास में तीन पहाड़ खड़े थे। नजदीक ही एक गहरी खाई भी थी। एक बार एक देवता का उस दिशा से गुजरना हुआ। साक्षात् देव को अपने सामने पाकर तीनों पहाड़ों ने वरदान माँग लिये। पहले पहाड़ ने कहा कि मुझे और ऊँचा, सबसे ऊँचा कर दीजिए ताकि मुझ पर कोई खड़ा हो, तो उसे दूर-दूर तक नजारा देखने को मिले। दूसरे पहाड़ ने कहा कि मुझे प्राकृतिक सम्पदा से भर दीजिए ताकि लोग मेरी तरफ आकर्षित हों। तीसरे पहाड़ ने कहा कि मेरे बगल में एक खाई हैं, जिसकी वजह से आने-जाने का मार्ग बन्द पड़ा है। आप मुझे इस खाई में मिला दीजिए जिससे इस क्षेत्र में लोगों की आवाजाही होने लगे।

देवता ने तीनों को वरदान दिये। एक साल बाद अपने वरदान का परिणाम देखने के लिए देवता फिर उस जगह पर आये। उन्होंने देखा कि पहला पहाड़ बहुत ऊँचा हो गया था कि लोगों का उस तक पहुँचना ही दूभर हो गया था। दूसरे पहाड़ में इतनी प्राकृतिक सम्पदा भर गयी थी कि खतरनाक जानवरों के डर के मारे वहाँ कोई नहीं जाता था। देवता ने देखा कि तीसरा पहाड़ वहाँ था ही नहीं। वह खाई में समा गया गया था। खाई की जगह समतल हो गयी थी। लोगों की वहाँ खूब चहल-पहल और आवाजाही होने लगी। देवता ने उस जगह का नामकरण उस तीसरे पहाड़ के नाम पर कर दिया, जो वहाँ था ही नहीं। परोपकार के लिए आत्मोत्सर्ग करने वाला पहाड़ अमर हो चुका था।

शिक्षा

दूसरों की भलाई के लिए आत्मोत्सर्ग करने वाले अमर हो जाते हैं।

38

भाग्य का भोजन

एक नगर था। नगर में एक व्यक्ति फेरी लगाकर सामान बेचा करता और अपने बच्चों का पेट भरता। उसका नाम 'सुजान' था। सुजान हमेशा कहता था कि वह अपनी मेहनत, बुद्धि और भाग्य की खाता है, किसी की कृपा की नहीं। बात राजा तक पहुँची। राजा ने उसकी परीक्षा लेने की ठानी। राजा ने सुजान को द्वारपाल बना दिया। दिन भर पहरेदारी करने के बाद शाम होते-होते सुजान को अपने बच्चों के भोजन की फिक्र सताने लगी। उसने पास में पड़ी लकड़ी की एक टहनी को छीला और उसे तलवार की जगह म्यान में रख लिया। तलवार बेचकर उसने अपने बच्चों के खाने का प्रबन्ध किया। राजा को यह बात पता चल गयी।

दूसरे दिन राजा ने उस दरवाजे का निरीक्षण किया जहाँ सुजान पहरेदारी के लिए तैनात था। राजा ने अकारण ही एक सेवक को जोर से डाँट लगायी और सुजान से कहा, 'इस सेवक का अपराध अक्षम्य है। अपनी तलवार निकालो और इसका सिर धड़ से अलग कर दो।' सुजान मन ही मन घबराया लेकिन उसने चतुराई से काम लिया और आसमान की ओर मुँह करते हुए बोला, 'अगर यह सेवक बेकसूर है तो मेरी तलवार लकड़ी की हो जाये।' उसने म्यान में से तुरन्त तलवार खींच ली। लकड़ी की तलवार देखकर सभी दरबारी इसे ईश्वरीय करामात समझकर अचम्भित रह गये। राजा को सब पता था। सुजान की चतुराई से प्रसन्न होकर उसने कहा, 'वाकई हम अपनी मेहनत, बुद्धि और भाग्य की ही खाते हैं, किसी की कृपा की नहीं'।

शिक्षा

कोई भी व्यक्ति अपने परिश्रम बुद्धि और भाग्य की ही कमाई खाता है।

३१

निरपराध को दण्ड

एक गुरुकुल में राजा का पुत्र भी शिक्षा ग्रहण कर रहा था। राजकुमार को साधारण विद्यार्थियों की तरह ही रहना होता और वे सारे काम करने होते जो बाकी के सहपाठी करते। राजकुमार सभी कार्यों को पूरी निष्ठा से करता और गुरु की सिखायी सारी बातों को याद रखता। आखिरकार वह दिन भी आया, जब उसने गुरुकुल की सभी परीक्षाएँ उत्तीर्ण कर लीं। अब समय दीक्षा का था। राजकुमार के साथ कई साथियों को दीक्षा दी जानी थी। सभी के घर से उनके अभिभावकों को बुलाया गया था। राजा को भी आमन्त्रण भेजा गया। राजा पूरे लाव लटकर के साथ राजकुमार के दीक्षान्त समारोह के लिए पहुँचे।

समारोह में राजकुमार को आश्रम का सर्वश्रेष्ठ विद्यार्थी घोषित किया गया। यह सुन कर राजा की गर्दन गर्व से अकड़ गयी। राजकुमार पुरस्कार लेने के लिए मंच पर पहुँचा। तालियों की गड़गड़ाहट से पण्डाल गूंज रहा था। अचानक गुरु ने अपनी छड़ी निकाली और राजकुमार को पीटना शुरू कर दिया। राजा सहित हर कोई भौंचक्का रह गया कि गुरुदेव राजकुमार को पुरस्कृत करने के बजाय दण्ड दे रहे हैं? अन्ततः गुरुदेव ने छड़ी फैंक कर राजकुमार को गले से लगाते हुए कहा कि, 'अब इसकी शिक्षा पूर्ण हुई। एक शासक होने के नाते इसे लोगों को दण्डित भी करना होगा लेकिन मैं चाहता था कि यह समझ ले कि निरपराध के लिए दण्ड की अनुभूति कैसी होती है।' राजा के चेहरे पर सन्तोष भरी मुस्कान फैल गयी।

शिक्षा

जिसने खुद पीड़ा भोगी हो, वही निरपराध को दण्ड देने की पीड़ा समझ सकता है।

10

नाम बड़े पर दर्शन छोटे

पुरानी बात है। साधुओं की एक मण्डली थी। वे जहाँ भी डेरा डालते, वहाँ भिक्षाटन से जो मिलता, उससे गुजारा करते और लोगों के हित की बातें कहते जाते। उन्होंने यशोनगरी और वहाँ के राजा वीरप्रताप की वीरता का बड़ा नाम सुना था। वे जब उस नगरी में आये, तो पता चला कि यहाँ देने वाला कोई नहीं, सब लेने वाले ही हैं। घर-घर जाकर भिक्षा माँगी, लेकिन किसी ने भी दरवाजा नहीं खोला। झिड़कियाँ मिलीं सो अलग।

साधु बड़े हैरान हुए और दुःखी भी कि यह कैसा नगर है, जहाँ लोगों के मन में दया-धर्म लेशमात्र भी नहीं। सबने जाकर मण्डली के प्रधान प्रेमसुख से नगर का हाल कह सुनाया। प्रेमसुख ने कहा, 'हमें नगर के अधिपति राजा से मिलना चाहिए।' पहले तो द्वारपाल ने ही रोका। जैसे-तैसे सारी बाधाओं को पार कर राजा तक पहुँचे। प्रेमसुख राजा से कुछ बोलते, इससे पहले ही वीरप्रताप ने चिल्लाते हुए कहा, 'फकीरों की यह टोली दरबार तक कैसे आ गयी?' सुनते ही सभी लोग थर-थर काँपने लगे। साधु प्रेमसुख ने कहा, 'राजन मैं यह पहले ही समझ गया था कि पूरे नगर में अगर दया-धर्म की प्रवृत्ति नहीं है तो इसकी जड़ जरूर शासन में है।

साधुओं को शंका की नजर से देखना, तो समझ में आता है लेकिन किसी पर भरोसे के लिए लेशमात्र भी तैयार नहीं होने का मतलब है कि आपके मन से विश्वास उठता जा रहा है। जनता के मन में किसी के लिए प्रीत नहीं, और जहाँ प्रीत नहीं होती वहाँ धर्म भी नहीं पनपता।' इतना कहते हुए साधुओं ने अपनी राह ली। ऐसी यशोनगरी का यश और वीरप्रताप की वीरता सिर्फ नाम की ही रहती है।

शिक्षा

जिस व्यक्ति में प्रेम, मानवता और धर्म नहीं होता, उसकी सम्पूर्ण विशेषता व्यर्थ है।

11

नदी का पानी

राजा शत्रुजीत की पत्नी की मृत्यु हो गयी। राजा बहुत शोकाकुल हो गया। उसने राजपाट छोड़ दिया और एक ही रट लगाने लगा, 'मेरी पत्नी को कोई लौटा लाओ।' राजा को इस हालत में देखकर सभी बहुत दुःखी थे। राजा का दुःख प्रजा में व्याप्त हो गया और समूची नगरी शोक में डूब गयी। दिन-महीने बीते लेकिन राजा को सोते-जागते रानी ही दिखायी पड़ती। निरन्तर चिन्ताग्रस्त रहने के कारण राजा का स्वास्थ्य भी गिर गया था। देश में पहली बार इतना नाजुक समय आया था।

आखिरकार, राजा के वृद्ध मन्त्री ने शत्रुजीत से कहा कि हमारे राज्य के एक छोटे से गाँव में एक सन्त रहते हैं, वह आपका दुःख दूर कर सकते हैं। राजा तुरन्त मन्त्री के साथ उस गाँव की ओर रवाना हो गया। गाँव में सन्त ने राजा की सारी बात सुनी और कहा, 'मैं आपकी पत्नी को वापस ला सकता हूँ लेकिन उसके लिए आपको एक काम करना होगा।' राजा ने कहा, 'अपनी पत्नी को फिर से देखने के लिए मैं कुछ भी कर सकता हूँ।' सन्त ने एक बहती हुई नदी में राजा को पाँव डालने के लिए कहा राजा ने उसमें पाँव डाला। नदी का पानी राजा के पाँव को छूकर निकल गया। सन्त ने एक बार फिर वही क्रिया दोहराने को कहा, लेकिन साथ में यह शर्त रखी कि उसी स्थान और उसी पानी में दोबारा पाँव डालना। राजा ने कहा कि, 'मैं उसी स्थान पर पाँव तो रख दूँगा लेकिन पानी वह नहीं होगा। क्योंकि वह तो अब तक बह गया होगा।' सन्त ने कहा, 'जीवन की गति भी ऐसी ही है। स्थान वही हो सकता है लेकिन समय बह गया होता है जिसे लौटाया नहीं जा सकता।' शत्रुजीत को एक पल में बात समझ में आ गयी और वह शोक से बाहर निकल आया।

शिक्षा

जीवन की गति सतत् प्रवाहशील है, उसे एक ही स्थान पर स्थिर नहीं किया जा सकता।

12

रूपनगरी का कलुष

एक विचित्र नगरी थी 'रूपनगरी'। रूपनगरी इसलिए रूपनगरी थी, क्योंकि यहाँ क्या पुरूष और क्या स्त्री! सभी अद्‌भुत रूपवान। जो भी देखे, देखता रह जाये। भगवान के हाथों जैसे रूप का खजाना यहीं खाली हुआ था। एक दिन की बात। रूपनगरी की इतनी महिमा सुन कर एक व्यक्ति वहाँ आया। उसका नाम साँवलियाँ था। जैसा नाम वैसा ही साँवला रंग। उसे देखते ही जैसे रूपनगरी में हाहाकार मच गया। औरतों ने अपने बच्चों को छुपा दिया और आदमियों ने साँवलियाँ का मजाक बनाना शुरू कर दिया। खदेड़ते-खदेड़ते लोग उसे राजा के पास ले गये।

राजा स्वयं बहुत रूपवान था। राजा ने साँवलियाँ को देखा, तो उसकी हँसी नहीं रुकी। बोला, 'इसे यहीं रहने दो, यह रूपनगरी पर तिल का काम करेगा।' साँवलियाँ ने कहा, 'मुझे बड़ी खुशी होती राजा, अगर मैं रूपनगरी का काला तिल बन कर इसे भावी अनिष्ट से बचा सकता, लेकिन यह नगरी तो पूरी कालिख से पुती हुई है, तो काला तिल कहाँ दिखेगा?'

राजा का हास्य क्रोध में बदल गया। कुपित होते हुए उसने कहा, 'रूप की नगरी को कालिख भरी बताने वाले मूर्ख तुम किस अनिष्ट की बात कर रहे हो?' सँवलियाँ ने कहा, 'जहाँ के लोग भगवान की दी हुई सुन्दरता पर अभिमान करते हुए साधारण लोकाचार भी भूल गये हैं, जो ऊपर से गोरे लेकिन मन के काले हैं, उस नगरी से भविष्य में कौन नाता रखेगा। रूपनगरी का रूप ही इसे ले डूबेगा।' साँवलियाँ की कड़वी बात ने राजा के कान खोल दिये। मन की कालिख न मिटे, तो रूप की मिठास का कोई फायदा नहीं।

शिक्षा

गोरा व सुन्दर शरीर हो और मन, काला व कुरुप हो, तो वह सुन्दरता व्यर्थ है।

13

हर काम अच्छे के लिए....

राजा शमशेर बहादुर को शिकार खेलने का बहुत शौक था। शिकार में उसके साथ उसका मन्त्री गजराज सिंह भी रहता था। वह शिकार खेलने में राजा का मार्गदर्शन करता था। एक बार बन्दूक चलाते हुए राजा का घोड़ा बिदक गया, राजा नीचे गिर गया और उसकी छोटी उँगली कट गयी। गजराज सिंह ने देखा, तो राजा के पास जाकर बोला– 'महाराज दुःखी न हों, जो कुछ होता है, अच्छे के लिए होता है।'

राजा को यह बात अच्छी नहीं लगी। राजधानी लौटकर सबसे पहले उसने गजराज सिंह का हवालात में बन्द करवाया। दिन बीतते चले गये। एक दिन राजा का शिकार खेलने का मन हुआ मगर इस बार वह अकेला ही गया। शिकार की खोज में राजा भटक गया और अपनी सीमा पार करके आदिवासी क्षेत्र में जा पहँचा। आदिवासी कबीले में कोई अनुष्ठान हो रहा था। बलि की तैयारी चल रही थी। वे बलि के लिए किसी मानव की खोज में थे। उन्होंने भटके हुए राजा को पकड़ कर एक पेड़ से बाँध दिया। राजा बेबस था। कुछ कर भी नहीं सकता था।

अनुष्ठान कर रहे एक आदिवासी ने अपने सरदार को राजा का सिर काट कर देवता के चरणों में चढ़ाने के लिए कहा ज्योंही आदिवासी-सरदार ने राजा का सिर काटने को अपनी तलवार उठायी उसकी नजर राजा की कटी उँगली पर पड़ गयी। उसने अपना हाथ रोक कर उस आदिवासी से कहा, 'इस मानव की बलि नहीं चढ़ाई जा सकती, क्योंकि इसकी एक उँगली कटी हुई है। इसे छोड़ दिया जाये।' आदिवासियों ने राजा को छोड़ दिया। राजा की जान में जान आयी और उसने अपने मन्त्री का ध्यान आया। अपनी राजधानी वापस आकर राजा ने सबसे पहले गजराज सिंह को कारागार से निकाला, उस से क्षमा माँगी और पूरे सम्मान के साथ अपने पास बिठाकर कहा, 'गजराज सिंह! तुमने ठीक कहा था, हर काम अच्छे के लिए होता है।'

शिक्षा

यह सत्य है, कोई भी काम ईश्वरीय प्रेरणा से अच्छे के लिए ही होता है।

५५

नकल में भी अकल चाहिए

अयोध्या में चूड़ामणि नाम का एक व्यक्ति रहता था। धन पाने की इच्छा से उसने बहुत दिनों तक तपस्या की। उसकी तपस्या से प्रसन्न होकर एक रात धनदेवता कुबेर ने उसे स्वप्न में दर्शन दिये। उन्होंने कहा, 'सूर्योदय के समय तुम हाथ में लाठी लेकर घर के दरवाजे पर खड़े हो जाना। कुछ देर बाद तुम्हारे पास एक भिक्षुक आयेगा। उसके हाथ में एक भिक्षापात्र होगा। जैसे ही तुम उस पात्र पर अपनी लाठी अड़ाओगे वह सोने में परिवर्तित हो जायेगा। उसे तुम अपने पास रख लेना। ऐसा दस दिन करने से तुम्हारे पास दस स्वर्णपात्र हो जायेंगे और तुम्हारी जीवन-भर की दरिद्रता दूर हो जायेगी।

रोज सुबह उठकर चूड़ामणि वैसा ही करने लगा, जैसा कुबेर ने स्वप्न में बताया था। एक दिन उसे ऐसा करते हुए उसके पड़ोसी ने देख लिया। बस, उसी दिन से चूड़मणि का पड़ोसी नित्यप्रति किसी भिक्षुक की प्रतीक्षा में अपने घर के दरवाजे पर लाठी लिए खड़ा रहता। बहुत दिन बाद अन्ततः एक भिक्षुक भिक्षा माँगने उसके दरवाजे पर आया। पड़ोसी ने उसके भिक्षापात्र पर डण्डा छुआया, पर वह सोने में नहीं बदला। उसने कई बार ऐसा किया, लेकिन सफलता नहीं मिली। अन्त में उसे गुस्सा आ गया और उसने आव देखा न ताव, भिक्षुक पर प्रहार करने शुरू कर दिये। थोड़ी देर में ही भिक्षुक के प्राण पखेरू उड़ गये। उसके इस अपराध की सूचना राजा तक पहुँची। राजकर्मचारी उसे गिरफ्तार कर राजा के सामने ले गये। अभियोग सिद्ध होने पर पड़ोसी को मृत्युदण्ड दिया गया

शिक्षा

बिना सोचे-विचारे किसी की अन्धी नकल नहीं करनी चाहिए।

15

गम खाना बड़ी बात है

एक राजा का एक दरबारी बड़ा ही हँसमुख था। हर समस्या का हल वह हँसते हुए निकाल देता था। एक दिन राजा ने उससे पूछ ही लिया, 'ऐसा क्या है कि आप हमेशा हँसमुख रहते हैं।' दरबारी ने मुस्कराते हुए जवाब दिया, 'महाराज हम गम खाते हैं।' राजा हालाँकि कुछ समझे नहीं, लेकिन उसने कहा कि गम खाने से ही व्यक्ति का मिजाज इतना अच्छा हो सकता है, तो हम भी गम खायेंगे। दरबारी ने तुरन्त ना में सिर हिलाते हुए कहा, 'आपसे गम नहीं खाया जायेगा, इसे खाना बड़ा मुश्किल हैं।'

राजा ने कहा, 'ऐसा कौन-सा काम है, जो हम नहीं कर सकते।' दरबारी ने फिर विनम्रता से कहा कि आपसे गम निगला नहीं जायेगा। लेकिन राजा टस से मस नहीं हुआ और बोला, 'अगर गम निगलने से आदमी प्रसन्न रह सकता है, तो वह चाहे जितना ही कड़वा हो, हम उसे निगल भी लेंगे।' दरबारी ने लाख समझाने की कोशिश की लेकिन राजा ने एक नहीं सुनी।

राजा नहीं माना, तो दरबारी ने कहा, 'मैंने कहा ना, एक 'छोटा' आदमी कभी गम नहीं खा सकता।' अपने लिए छोटा आदमी सम्बोधन सुनते ही राजा ने तलवार निकाल ली और दरबारी का सिर कलम करने को आतुर हो गया। दरबारी ने हँसते हुए कहा, 'मैंने तो आपसे पहले ही कह दिया था कि आप 'गम' नहीं खा सकते। जरा-सी बात पर तलवार निकाल बैठे।' यह सुनकर राजा लज्जित हो गया और कहा कि ठीक ही कहते हो गम 'छोटा' आदमी नहीं खा सकता, गम खाने के लिए बहुत बड़ा दिल चाहिए।

शिक्षा

गम खाने अर्थात सहनशक्ति हर किसी के पास नहीं होती। जिसके 'गम' खाने की शक्ति होती है, वह सदा हँसमुख प्रसन्नचित्त रहता है।

16

जीवन का आनन्द

एक बार किसी राजा के विशाल बगीचे में आम के पेड़ों पर खूब आम आये। आम बहुत रसीले थे। उन्हें खाने के लिए सब दरबारियों का मन ललचा रहा था। राजा ने आम खिलाने के लिए एक भोज का आयोजन किया। लोग आम खाने बैठे, इससे पहले एक घोषणा यह भी की गयी कि कोई भी आदमी आम और उसकी गुठलियों को चूसे नहीं और अँगुलियाँ चाटने की आवाज न आये। यदि कोई ऐसा करेगा, तो उसका सिर धड़ से अलग कर दिया जायेगा। सब लोग चुपचाप आम को काटकर खाने लगे। लेकिन तभी राजा की दृष्टि दूर बैठे एक दरबारी पर गयी जो आम को चूस-चूस कर खा रहा था और रस उसकी अँगुलियों से टपक रहा था।

राजा उसके पास गया और कहा कि तुमने यह घोषणा नहीं सुनी कि जो भी आम को चटखारे लेकर खाएगा उसका सिर धड़ से अलग कर दिया जायेगा। उस व्यक्ति ने नम्रता से उत्तर दिया, 'महाराज! मैंने सुनी है, लेकिन रसीला आम तो चूस कर ही खाया जाता है और तभी उसके खाने का मजा है। मुझे चूस-चूस कर चटखारे लेते हुए पेट भर आम खाने दिये जायें फिर भले ही मेरा सिर काट लें।' उसके उत्तर से राजा बहुत खुश हुआ और कहा कि इतने लोगों में एक यह आदमी ही जीवन का आनन्द लेना जानता है। आने वाले कल की चिन्ता में आज के आनन्द से खुद को वंचित करने वाले लोग कभी भी प्रसन्न नहीं रह पाते।

शिक्षा

भविष्य के भौतिक आनन्द व सुख के लिए वर्तमान आनन्द व सुख का त्याग करने वाला कभी प्रसन्न नहीं रह पाता।

17

तलवारबाज

जापान देश के एक शहर में 'माताजुरो' नाम का एक व्यक्ति रहता था। उसका पिता बहुत प्रसिद्ध तलवारबाज था। उसे लगता था कि 'माताजुरो' अच्छा तलवारबाज नहीं बन सकता इसलिए उसने अपने पुत्र को घर से निकाल दिया। बेघर माताजुरो 'बाजो' नामक प्रसिद्ध तलवारबाज के पास गया और उसे तलवारबाजी सिखाने को कहने लगा। बाजो ने उसे देखा और कहा, 'तलवार चलाने के लिए कठिन परिश्रम की आवश्यकता होती है।' माताजुरो ने कहा, 'यदि परिश्रम करूँ, तो प्रवीण तलवारबाज बनने में मुझे कितना समय लगेगा?' 'तुम्हारी पूरी जिन्दगी'। बाजो ने कहा 'यदि मैं और ज्यादा परिश्रम करूँ, तो मुझे कितना समय लगेगा?' 'लगभग दस साल'- बाजो ने कहा माताजुरो ने कहा, 'मेरे पिता वृद्ध हो रहे हैं। मुझे उनकी देखभाल भी करनी होगी। यदि मैं और मेहनत करूँ, तो कितने साल लगेंगे?' 'तीस साल' बाजो बोला। 'ऐसा कैसे हो सकता है? पहले आपने दस साल कहे और अब तीस साल कह रहे हैं। मुझे कम से कम समय में तलवारबाजी में पारंगत होना है।' 'मैंने तुम्हें तीस साल इसलिए कहा क्योंकि तुम्हारी तरह जल्दबाजी करने वाले लोगों को परिणाम शीघ्र नहीं मिला करते।' यह सुनकर माताजुरा ने कहा, 'आप जैसा कहेंगे, मैं वैसा ही करुँगा। बाजो ने कहा, 'तुम तलवारबाजी सीखने की बात अपने दिमाग से निकाल दो और मेरे घर का काम करना सीख लो।' अगले दिन से माताजुरो दिन भर बाजो की सेवा में खटने लगा। वह उसके घर का सारा काम करता। उसने तलवार का नाम तक लेना छोड़ दिया। वह तलवारबाजी सीखते शिष्यों को देखता और उदास हो जाता।

एक दिन माताजुरो रसोई के काम में व्यस्त था, तभी पीछे से बाजो दबे पाँव आया और लकड़ी की तलवार से उस पर वार किया। लेकिन मातजुरो ने वह वार रोक लिया। उस दिन से बाजो ने उसे तलवारबाजी सिखाना शुरू किया। देखते ही देखते माताजुरो तलवारबाजी में निपुण हो गया। एक दिन माताजुरो ने बाजो से पूछा, 'आपने मुझे पहले तलवारबाजी सिखाने से मना क्यों किया?' बाजो ने कहा, 'उस समय तुम पर कम से कम समय में तलवारबाजी में निपुण होने का जुनून था। जिस तरह कई दिनों का भोजन एक दिन में नहीं किया जा सकता, उसी तरह कई दिनों का परिश्रम कम समय में करके किसी भी शिक्षा में निपुण नहीं हुआ जा सकता।'

शिक्षा

धैर्य और लगन से ही कोई ज्ञान या शिक्षा मिलती है, जल्दबाजी में नहीं।

18

झगड़णी बुआ

किशनपुरा गाँव में एक औरत रहती थी। वह बहुत झगड़ालू थी। सुबह-सबेरे जब तक किसी से झगड़ नहीं लेती, उसका दिन ठीक नहीं जाता। उसके कर्कशा स्वभाव को देखते हुए उसका नाम ही 'झगड़णी बुआ' पड़ गया था। पूरा गाँव उसकी आदत को जानता था। आखिरकार गाँव की स्त्रियों ने झगड़णी बुआ से जाकर विनती की कि 'बुआ, तुम किसी से भी झगड़ पड़ती हो, ना दिन देखती हो ना रात। झगड़े बिना तुम्हे चैन नहीं पड़ता, अच्छा होगा कि तुम गाँव में हर किसी से झगड़ने की बजाय, रोज एक घर में जाकर झगड़ा कर लो।'

झगड़णी बुआ को झगड़ने से मतलब। वह इस बात के लिए तैयार हो गयी कि रोज एक घर जाकर झगड़ा कर लेगी। बुआ के लिए घरों की बारी तय हो गयी। वह रोज जाती और उस रोज बारी वाले घर में झगड़ा कर लेती। एक दिन बुआ जिस घर में गयी वहाँ नयी शादी हुई थी और बहू चक्की पर धान पीस रही थी। सास मन्दिर गयी थी। बुआ ने जाते ही आदत के अनुसार झगड़ा शुरू कर दिया। 'तेरी सास कहाँ मर गयी, जो तू सुबह-सुबह चक्की का पाट मेरे सिर पर मारे बैठी है।' बहू बहुत समझदार थी। उसने बुआ के आगे लड्डू रख दिये और कहा, 'आप तो मुँह मीठा करो कि आप मुझसे झगड़ने आयी, वरना कौन किसके यहाँ आता-जाता है।' बुआ झगड़ती गयी और बहू अपना काम करती रही। थक हार कर बुआ जब बाहर निकली तो लोगों ने देखा कि उसके चेहरे पर एक तृप्ति का भाव फैला था। अगले रोज से झगड़णी बुआ ने झगड़ना बन्द कर दिया। नयी बहू ने झगड़ा ना बढ़ाकर अपनी मीठी वाणी से बुआ के मन में मिठास भर दी। अब सब जगह बुआ की वाहवाही होने लगी।

शिक्षा

झगड़ालू से चुप रहकर, अपना काम करते हुए ही जीता जा सकता है।

19

पतिव्रता का पुण्य

काँचीपुरी नगरी में एक चोर रहता था। चोरी के माल को जंगल में गड्ढा खोदकर गाड़ आता था। संयोग से एक दिन लकड़हारे ने उसे धन गाड़ते देख लिया। फिर तो लकड़हारा रोज वहाँ जाता और गड़े हुए माल से दसवाँ हिस्सा ले आता। गड्ढे को वह इस तरह ढक आता है कि चोर को पता भी न चलता। एक दिन लकड़हारे की पत्नी को उस पर शक हो गया कि उसका पति जो धन लाकर देता है, वह उसका कमाया हुआ नहीं है। एक बार लकड़हारे ने जब अपनी पत्नी को धन दिया, तो उसने लेने से मना कर दिया कहा, 'देखो, जो धन अपनी मेहनत से कमाया जाता है, वही फलता है।' 'मैं इसमें से एक कौड़ी भी नहीं लूँगी। इससे जनता की भलाई के लिए कुछ काम करो।'

लकड़हारा पहले तो माना नहीं लेकिन पत्नी के बहुत समझाने पर वह मान गया। उसने दूर देश में जाकर एक तालाब बनवाने का काम शुरू कर दिया। जब लकड़हारे की मृत्यु हुई, तो उसे लेने के लिए एक ओर यम के दूत आये और दूसरी ओर विष्णु और शंकर के दूत आये। उनमें आपस में विवाद होने लगा। तभी नारद आ गये। उन्होंने कहा, 'आप लोग लड़ते क्यों हैं? इसने जो भी तालाब, मन्दिर बनवाये हैं, सब चोरी के धन से बनाये हैं। जब तक इस पाप का प्रायश्चित नहीं हो जाता, इसके प्राण वायु के रूप में अन्तरिक्ष में विचरण करते रहेंगे।'

नारद की बात सुनकर सभी दूत चले गये। लकड़हारे के प्राण अन्तरिक्ष में वायु बनकर घूमने लगे। उसी समय नारद लकड़हारे की पत्नी के सामने प्रकट हुए और बोले, 'सुनो! तुम्हारा पति वायुरूप में विचरण कर रहा है और तुमने पति को अच्छा रास्ता दिखाया, इसलिए तुम ब्रह्मलोक जाओ।' लेकिन उसने नारद से कहा, 'मेरे पति को देह कैसे मिलेगी। कोई उपाय बतायें। जो गति मेरे पति की होगी, वही गति मैं अपने लिए भी चाहूँगी।'

पतिव्रता पत्नी की बात सुनकर नारद बड़े प्रसन्न हुए। उन्होंने अपने प्रभाव से लकड़हारे की पत्नी को वह योग्यता प्रदान कर दी, जिससे वह अच्छी तरह शिव की आराधना कर सके। उसकी आराधना फलीभूत हुई फिर पुण्य के बल से लकड़हारा और उसकी पत्नी दोनों को उत्तम लोक मिला।

शिक्षा

पाप की कमाई से पुण्य कर्म नहीं फलता, उस पाप का प्रायश्चित करना ही पड़ता है।

दूबाँ की कथा

फारस देश में रूमा नामक नगर के बादशाह गरीक को एक बार कुष्ठ रोग हो गया। उसने वैद्य-हकीमों से बहुत उपचार कराया किन्तु कोई लाभ नहीं हुआ। उन्हीं दिनों वहाँ दूबाँ नामक हकीम आया। उसे जब बादशाह की बीमारी के बारे में पता चला तो वह बादशाह के दरबार में पहुँचा और बोला, 'मैं आपका कुष्ठ रोग ठीक कर सकता हूँ।' बादशाह ने कहा अगर तुम ऐसा कर सकते हो तो मैं तुम्हें बहुत सारा इनाम दूँगा।

अगले दिन दूबाँ ने दवाओं से बादशाह की देर तक मालिश की और बादशाह को स्नान करने के लिए कहा। मालिश करने से बादशाह को नींद आ गयी। अगले दिन बादशाह ने उठकर स्नान किया स्नान करने के पश्चात् उसका कुष्ठ रोग दूर हो गया। कुष्ठ रोग के दूर होने से बादशाह गरीक बड़ा खुश हुआ और हकीम को राजसी वस्त्र तथा पारितोषिक प्रदान किये। दरबार में हकीम की बढ़ती प्रतिष्ठा को देखकर उसका एक इर्ष्यालु मंत्री बहुत क्रोधित हो गया। एक दिन उसे बादशाह को बरगलाते हुए कहा, 'दूबाँ शत्रु राजा का भेजा हुआ आदमी है। वह छलपूर्वक आपको मारने आया है।'

बादशाह मंत्री की बातों में आ गया और हकीम दूबाँ को दरबार में बुलाकर उसका वध करने का आदेश दिया। यह देखकर हकीम दूबाँ ने बादशाह से कहा, 'मेरे पास कुछ अनमोल पुस्तकें हैं जिसे मैं मरने से पहले आपको देना चाहता हूँ। उस पुस्तक की सबसे अद्भुत बात यह है कि मेरे सिर के काटे जाने के बाद आप पुस्तक के छठे पन्ने के बायें पृष्ठ की तीसरी पंक्ति को पढ़कर जो प्रश्न करेंगे उसका उत्तर मेरा कटा हुआ सिर देगा।'

बादशाह गरीक ने हकीम दूबाँ के घर से वह पुस्तक मँगाने के पश्चात् दूबाँ का वध करवा दिया। बादशाह ने हकीम दूबाँ का कटा हुआ सिर पुस्तक पर लिपटे कपड़े पर रखा तो कटे सिर ने बादशाह से कहा, 'पुस्तक का छठा पन्ना खोल।' पुस्तक के पृष्ठ आपस में चिपके थे बादशाह ने अपनी अँगुली पर थूक लगाकर पन्नों को अलग करना शुरू किया। छठे पृष्ठ पर कुछ नहीं लिखा था। सिर ने तब कहा, 'आगे के पृष्ठ देख।' बादशाह अँगुली पर थूक लगाकर पृष्ठों का अलग करने लगा, दरअसल हकीम दूबाँ ने पुस्तक के प्रत्येक पृष्ठ में विष लगा रखा था जिससे अँगुली के बार-बार मुँह में जाने से वह विष बादशाह के शरीर में प्रवेश कर गया और थोड़ी ही देर में बादशाह सिंहासन से गिरकर दम तोड़ दिया।

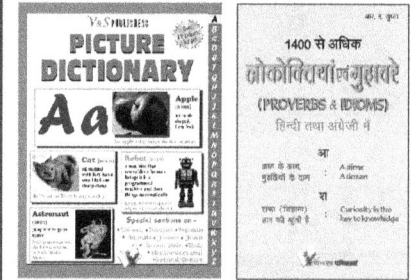

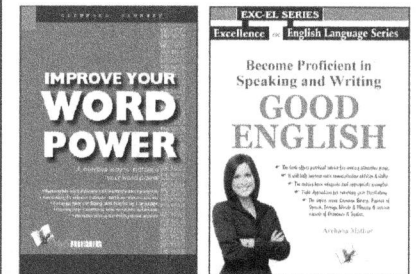

Quiz Books
(प्रश्नोत्तरी की पुस्तकें)
ENGLISH IMPROVEMENT
(अंग्रेजी सुधार)
ENVIRONMENT QUIZ BOOK
BUSINESS QUIZ BOOK
BESTSELLER
QUIZ TIME
GLOBAL Quiz Bank
QUIZ TIME HISTORY
PICTURE DICTIONARY
1400 से अधिक लोकोक्तियाँ एवं मुहावरे
(PROVERBS & IDIOMS)
क्विज टाइम हिस्ट्री
BESTSELLER
SCIENCE QUIZ BOOK
साइंस क्विज़ बुक
QUIZ TIME MATHEMATICS
NEW
QUIZ TIME
IMPROVE YOUR WORD POWER
EXC-EL SERIES
Excellence in English Language Series
Become Proficient in Speaking and Writing
GOOD ENGLISH
DRAWING BOOKS (ड्राइंग बुक्स)
BIOGRAPHIES (आत्म कथाएँ)
ड्राइंग एण्ड पेंटिंग कोर्स
Drawing & Painting Course
ड्राइंग कार्टून्स
DRAWING CARTOONS
GREAT PERSONALITIES OF THE WORLD
FAMOUS INDIANS OF THE 20TH CENTURY
Free Water Colours & Paintbrush
Drawing & Painting Course Volume II
Fully Colour
QUOTES/SAYINGS (उद्धरण/सूक्तियाँ)
Inspirational Quotes and Thoughts
Immortal Sayings
Nobel Peace Prize Winners
PUZZLES (पहेलियाँ)
COMPUTER
ACTIVITIES BOOK (एक्टिविटीज बुक)
MATHEMAGIC Puzzles & Brain Drainers
SUDOKU
पहेलियाँ पहेलियाँ
SUDOKU
Mind Benders Brain Teasers
कम्प्यूटर एक परिचय
Children's Big Book of Activities
चिल्ड्रंस बिग बुक ऑफ एक्टिविटीज
Contact us at sales@vspublishers.com

www.ingramcontent.com/pod-product-compliance
Lightning Source LLC
Chambersburg PA
CBHW081646280326
41928CB00069B/3119